中小学心理危机
筛查与干预工作手册

（修订版）

浙江省中小学心理健康教育指导中心　编

宁波出版社
NINGBO PUBLISHING HOUSE

本书编委会名单

主　任　朱永祥

副主任　庞红卫

主　编　庞红卫

编　委（按姓氏音序排列）

　　　　　陈建东　付春林　孔　宁

　　　　　林　平　邱许超　邵巧倍

　　　　　王　晶　王　悦　徐　儿

目 录

第一章　中小学心理危机工作的制度建设与总体构想 … 001

第一节　中小学心理危机工作的制度建设与预警通报 ………… 002
　一、中小学心理危机工作的制度建设 ……………………… 002
　二、中小学心理危机预警通报（2020—2022年）…………… 027
　三、中小学心理危机医教结合制度 ………………………… 046

第二节　中小学心理危机工作的总体构想、架构与流程 ………
　一、中小学心理危机工作的总体构想 ……………………… 054
　二、中小学心理危机工作的组织架构 ……………………… 055
　三、中小学心理危机工作的操作流程 ……………………… 056

第二章　中小学心理危机筛查流程及工具 ……………… 059

第一节　中小学心理危机筛查流程的建立 …………………… 060
　一、筛查工作人员 …………………………………………… 060
　二、筛查途径 ………………………………………………… 060
　三、筛查流程 ………………………………………………… 061

第二节　中小学心理危机筛查工具介绍 ……………………… 063
　一、心理健康量表 …………………………………………… 063
　二、人格测验问卷 …………………………………………… 066

第三章　中小学心理危机评估流程及工具 …… 079

第一节　中小学心理危机评估流程 …… 080
一、启动心理危机评估工作 …… 080
二、筛选心理危机评估对象 …… 080
三、心理危机评估工具与方法 …… 081
四、进入心理危机预警库备案 …… 081
五、心理危机预警与上报 …… 082

第二节　中小学心理危机评估工具介绍 …… 085
一、PHQ-9抑郁症筛查量表 …… 085
二、中小学生心理评估访谈提纲记录表 …… 086
三、青少年生活事件量表（ASLEC） …… 086
四、PIMPS自杀风险面谈评估提纲 …… 087

第四章　中小学心理危机干预流程及相关协议 …… 097

第一节　中小学心理危机干预流程 …… 098
一、一类危机学生干预流程 …… 098
二、二类危机学生干预流程 …… 098
三、三类危机学生干预流程 …… 099

第二节　多方会谈操作流程 …… 102
一、召开学校研判会 …… 102
二、班主任电话联系家长 …… 102
三、启动多方会谈 …… 102

第三节 班主任家访心理状况访谈提纲·················· 108
  一、开场白 ··· 108
  二、正式访谈 ··· 108
  三、结束语 ··· 111
第四节 学校如何接纳复学学生························ 111
  一、复学前准备 ······································· 111
  二、办理复学手续 ····································· 112
  三、复学后注意事项 ··································· 112
  四、休学学生申请提前复学流程 ························· 114

第五章 中小学生常见心理问题类型及干预流程········ 129

第一节 突发及应急事件处置流程······················ 130
  一、自伤行为发生后的干预 ····························· 130
  二、自杀危机发生时的干预 ····························· 134
  三、自杀危机发生后的干预 ····························· 135

第二节 抑郁症及其应对方案·························· 138
  一、抑郁症的界定 ····································· 138
  二、抑郁症的应对方案 ································· 139

第三节 严重焦虑问题及其应对方案···················· 142
  一、严重焦虑问题的界定 ······························· 142
  二、严重焦虑问题的应对方案 ··························· 143

第四节　严重人际冲突问题及其应对方案…………………… 146
　一、严重人际冲突问题的界定 …………………………………… 146
　二、严重人际冲突问题的应对方案 ……………………………… 147

第五节　严重学习适应不良问题及其应对方案………………… 150
　一、严重学习适应不良问题的界定 ……………………………… 150
　二、严重学习适应不良问题的应对方案 ………………………… 152

第六节　冲动性特质问题及其应对方案………………………… 154
　一、冲动性特质问题的界定 ……………………………………… 154
　二、冲动性特质问题的应对方案 ………………………………… 155

中小学心理危机筛查与干预工作文件索引…………………………… 158
中小学心理危机筛查与干预工作表格索引…………………………… 159

第一章

中小学心理危机工作的制度建设与总体构想

中小学心理危机的筛查与干预工作,应作为学校安全工作的重要组成部分,纳入学校常规制度建设,建立长效机制。学校应在安全工作小组或学校心理健康教育领导小组下成立学校心理危机工作小组,明确专人、明确流程、明确工具、明确时间等,重在预防与预警。浙江省教育厅为指导各中小学开展心理危机筛查与干预工作,自2014年开始逐步推进中小学心理危机筛查与干预工作制度建设,定期发布中小学心理危机预警通报,结合每年的心理普查结果、心理危机事件调研等情况,发布全省中小学心理危机预警的重点地域、重点时段、重点对象等危机预警信息,指导各地及各中小学提前做好心理危机的预防、筛查与干预工作。

第一节　中小学心理危机工作的制度建设与预警通报

一、中小学心理危机工作的制度建设

为确保各中小学有效开展心理危机筛查与干预工作,浙江省教育厅、浙江省中小学心理健康教育指导中心自2014年开始,连续印发了关于建立心理危机识别与干预体系及高危学生与家庭沟通、转介、复学等问题的指导性文件,指导各学校建立心理危机筛查、评估、干预等环节的全员、全程、全方位的心理危机筛查与干预工作制度。

(一)浙江省教育厅办公室关于加强中小学生心理危机识别和干预工作的通知

浙江省教育厅办公室文件

浙教办教科〔2014〕66号

浙江省教育厅办公室关于加强中小学生心理危机识别和干预工作的通知

各市、县(市、区)教育局:

为进一步加强全省中小学生心理危机识别与干预工作,现通知如下:

一、早发现,提高学生心理问题的识别水平

1. 开展心理问题全面筛选。各初、高中学校要配置必要的学生心理检测软件,在新生入学时进行全面的心理普查,并为每名学生建立心理档案。对检测中发现有严重心理问题的学生,要确定心理专兼职教师进行定期约谈和疏导。

2. 建立和推广班级心理委员制度。设立班级心理委员是了解班级学生心理和行为动态的有效形式。各初、高中学校应设立班级心理委员,并进行系统培训。心理委员在平时学习和生活中要关注同学的行为异常,并及时向班主任和心理教师汇报。

3. 推广有助于发现学生心理问题的其他途径和方法。各县(市、区)要设立学生心理热线,各学校要设立心理信箱,及时帮助学生消除心理问题。要推广心理周记,引导学生将日常生活和学习中的焦虑、烦恼等消极情绪,通过周记的形式加以表达和宣泄;班主任要通过心理周记,及时了解学生的心理动态变化。

二、早干预,切实提高心理咨询质量

1. 建立心理咨询活动规范,保证咨询质量。各学校对接受心理咨询的学生要做好记录和档案保管,对问题较严重的学生要进行跟踪式辅导,确保每一个接受心理咨询的学生心理问题得到明显缓解。

2. 建立学生心理危机预警库。各学校对已经发现有明显性格异常(如极度偏执、抑郁、敏感),或有较严重心理问题(如焦虑、恐怖、强迫等)的学生,应纳入学生心理危机预警库,主动进行约谈和干预。要建立心理会诊制度,定期分析这些学生近期心理和行为变化,提出干预措施。

3. 建立校级学生心理问题形势分析会制度。各学校要定期通报和分析学校心理工作中存在的主要问题,重点检查在学校教育教学管理中是否存在会引发学生心理问题的制度和做法,有针对性地进行改进。

4. 建立转介机制。对已经发现的患有极度严重心理问题、无法正常学习和生活的学生,学校要在征得家长同意后,及时转介到医疗机构进行治疗。与家长沟通时,要有书面记录或录音记录。

三、强化责任,切实减少学生极端心理事件发生

1. 各市、县(市、区)教育局应督促各中小学校建立学生心理危机识别与干预体系(见附件),并将之纳入学校平安校园建设考核指标。

2. 建立通报制度。对各地学校心理咨询室标准化建设、教师心理健康教育知识普及培训、新生心理健康水平测试、学生心理健康档案建设等情况进行定期通报。

3. 建立问责制度。2015年开始,省教育厅将把中小学心理危机识别与干预工作纳入市、县(市、区)教育科学和谐发展业绩考核指标。对出现学生极端心理事件的学校,在调查原因、分清责任的基础上,如确属校方责任的,要追究相关人员责任,并在全省范围进行通报。

附件：中小学生心理危机识别与干预体系

浙江省教育厅办公室

2014年8月28日

附件

中小学生心理危机识别与干预体系

心理极端事件（如自杀）是中小学生在一种严重的心理失调状态下的绝望选择。这种严重的心理失调状态即是一种心理危机，会导致中小学生的情绪、认知、行为产生一系列明显的变化。从某种程度上讲，中小学生的心理危机是可以被识别并预防的，这有赖于建立中小学生心理危机识别与干预体系。

一、中小学生心理危机的识别体系

中小学生心理危机识别主要依托以下三大途径进行：一是班主任与心理委员的日常观察，二是学校的心理普查，三是心理教师的辅导工作。

（一）通过班主任与心理委员的日常观察识别学生的心理危机。

班主任与心理委员是学校中与学生接触最频繁的群体，比较方便对学生进行心理的观察与关注，能及时发现学生的异常心理，将问题学生纳入学生心理危机预警库。

（二）通过学校的心理普查识别学生的心理危机。

学校的心理普查能够筛选出有严重心理问题或心理障碍（如抑郁症、焦虑症、恐惧症、强迫症等）的学生，发现有明显的性格异常（如极度偏执、抑郁、敏感等）的学生，将问题学生纳入学生心理危机预警库。

(三)通过心理教师的辅导工作识别学生的心理危机。

中小学心理辅导教师通过学校常规的心理辅导也可以有效地识别中小学生的异常心理,将问题学生纳入学生心理危机预警库。

学校通过以上途径发现学生的异常心理后,应组织心理教师(学校心理评估小组)对相关学生进行进一步的个别心理辅导和评估,最后根据其严重程度来确定心理危机级别,建立学校心理危机预警库。

根据严重程度的不同,中小学生的心理危机大致可以分为以下三类。

(一)第一类为一般心理危机,相对而言,这部分学生在学校中占较大比例。主要有以下几种情况:

1. 在心理普查或心理辅导中发现的有一般心理问题的学生;

2. 因情感受挫、人际关系失调、学习困难、适应困难等出现轻微心理或行为异常的学生;

3. 由于身边的同学出现心理危机状况而受到影响,产生恐慌、担心、焦虑、困扰的学生,如自杀或他杀者的同宿舍、同班的学生等。

(二)第二类为严重危机,这部分学生在学校中所占比例较少,主要有以下几种情况:

1. 在心理普查或心理辅导中发现有严重心理问题,并出现明显心理或行为异常的学生;

2. 学习或生活中遭遇突然打击而出现明显的情绪行为异常的学生。如近期家庭生活中出现重大变故(如亲人死亡、父母离异、家庭暴力等);遭遇突发性创伤或刺激(如性伤害、意外怀孕、自然灾害、校园暴力、车祸等);重大考试或事件(比赛、竞赛、评比等)出现严重失败;与同学、教师、父母等发生严重人际冲突,甚至肢体冲突等,导致明显的情绪行为异常的学生。

(三)第三类为重大危机,指患有严重心理障碍(如患有抑郁症、恐惧症、强迫症、焦虑症等)或精神分裂症并已确诊的学生,自杀未遂或有自杀倾向的学生。相对来说,这部分学生在学校中是极少的。但第二类学生如果得不到及时有效的心理辅导,也可能会转变成第三类学生。这部分学生一旦出现危机事件,对学生和学校的影响将是巨大的。

学生有自杀倾向的表现:

对于产生了自杀意念的学生来说,在采取自杀行动前通常会在情绪、认知和行为表现上有所变化,会产生一些旁人可辨识的自杀危险征兆或自杀求助信息。

1. 有自杀意念的人在认知上通常会认为其所面临的困境(事实上的或想象中的)是绝境,是无法逃避的、无法忍受的、无法改变的、永无止境的。因而,他们认为,自杀是唯一能解决问题的方法。

2. 有自杀意念的人在情绪上通常会有强烈的孤独感、无望感、无助感、矛盾冲突感,以及希望马上结束自己生命的痛苦感的愿望。

3. 有自杀意念的人在行为上会以极端的、无常的方式来表现,在语言上会以失意的、灰冷的词汇来表达。

二、中小学生心理危机干预体系

对纳入心理危机预警库的学生而言,心理问题的严重程度不同,所处的心理危机状态也有所差别,因此,学校应根据学生心理危机的严重程度分别采取不同的干预措施。

(一)对于第一类学生(即一般心理危机的学生),学校应给予一般关注。这部分学生心理问题程度相对较轻,通过一定的心理支持与辅导,基本上能正常学习生活。因此,学校可以采取班级、年级的二级跟踪关注制度。将相关学生名单在各年级备案,由班主任与心理教师定期进行辅导沟通,所有任课教师保持一定关注,及时发现学生的心理变化。

同时在班级中,应由心理委员提供同伴心理互助支持,及时了解这类学生的情绪行为变化,与班主任及心理教师保持沟通,有情况变化及时上报学校心理辅导室。

(二)对于第二类学生(即严重心理危机的学生),学校应给予重点关注。这部分学生在经过学校心理评估小组的评估,认为其存在严重心理问题的可能后,应马上报学校学生管理处进行备案,并及时联系其家长到校,告知孩子的心理状态及风险,建议接受专业机构诊断。

当确认治疗后能坚持学习的,学校应与家长签订监护承诺,要求家长切实履行好监护责任,比如确保学生接受治疗,保证按时服药等。同时,学校、年级、班级三级跟踪关注并提供心理支持。班主任应做好此类学生的跟踪辅导工作,心理教师应与学生保持密切联系,提供相关的辅导帮助。

当确认心理危机进一步升级,学生已不能正常学习时,学校应立即对学生采取监护,同时联系家长立即到校,告知风险,建议接受专业机构诊断与治疗并办理安全责任移交。如专业机构确认其不能正常学习,可办理休学手续,回家休养治疗。

(三)对于第三类学生(即患有严重心理障碍或精神分裂症并已确诊的学生,自杀未遂或有自杀倾向的学生),学校应重点警戒。这部分学生属于心理高危群体,随时有可能发生心理极端事件。因此,学校的干预措施需要有更强的针对性。

1. 对处于精神疾病急性发作的学生,或有自杀倾向(发现或知晓其有自杀意念)的学生,学校应立即采取措施:先由学生管理处负责立即将该生转移到安全环境,并成立监护小组对该生实行24小时全程监护,确保该生人身安全,同时通知家长到校。立即报告学校心理辅导室,对该生的心理状况进行评估或请专家会诊,并提供书面意见。

经评估认为该生住院治疗有利于其心理康复的,应立即通知家长将该生送至专业精神卫生机构治疗。经评估认为该生回家休养有利于其心理康复的,则应立即通知家长将该生带回家休养治疗。

2. 对实施了自杀行为的学生,要立即送到最近的医疗机构实施紧急救治。同时,及时保护、勘查、处理现场,防止事态扩散和对其他学生的不良刺激,并请求司法协助调查,配合、协调有关部门对事件调查取证。

对于自杀未遂的学生,经相关部门或专家评估,如住院治疗有利于其心理康复的,通知其家长将该生送至专业精神卫生机构治疗;如回家休息治疗有利于其心理康复的,由家长将其带回家休养治疗。

同时,学校应及时通报信息,上报上级管理机构,正确应对新闻媒体,防止不恰当报道引发负面影响。

3. 对于有伤害他人意念或行为的学生,由心理教师或班主任及时上报学校学生管理系统,立即采取相应措施,保护双方当事人安全。报告心理辅导室对学生的心理健康状况进行评估或请专业精神卫生机构会诊,根据评估意见进行后续处理。

另外,在学生心理危机干预的后期措施中,要注意的是:当学生因心理问题住院治疗或休学再申请复学时,应向学校提供相关治疗的病历证明,经专业精神卫生机构评估确已康复后,可办理复学手续。学生复学后,心理辅导室相关教师、班主任等应对其定期进行心理访谈,了解其思想、学习、生活等方面的情况。

对于有自杀未遂史的复学学生(有自杀未遂史的人属于自杀高危人群),应组织精神卫生专家和心理教师进行定期心理访谈及风险评估,密切监护,及时了解其学习、生活和思想状况,确保该生人身安全。

（二）浙江省教育厅办公室关于全面建立中小学生心理危机识别与干预制度的通知

浙江省教育厅办公室文件

浙教办教科〔2015〕24号

浙江省教育厅办公室关于全面建立中小学生心理危机识别与干预制度的通知

各市、县（市、区）教育局：

为切实加强对中小学生心理危机的识别和积极干预，经研究，决定在全省全面建立中小学生心理危机识别与干预制度。现将有关要求通知如下：

一、尽快建立学生心理问题检测制度

各地应按照省教育厅办公室《关于加强中小学生心理危机识别与干预工作的通知》（浙教办教科〔2014〕66号）精神，在各中小学逐步建立心理危机识别体系，积极开展中小学生心理问题检测工作。

1. 已安装心理检测系统的学校，要在2015年4月20日前完成全体学生的心理检测，并结合心理咨询记录及班主任与心理委员的日常观察确定心理高危学生名单。未安装心理检测系统的学校，可先依托心理咨询记录及班主任与心理委员的日常观察确定心理高危学生名单，并于2015年9月20日前完成心理检测系统的安装与全面检测。

2. 各中小学校要于每年9月对全校新生进行心理检测，并建立完整的心理档案，以便尽早发现有严重心理或行为异常的学生。

二、建立学生心理问题评估制度

在完成学生心理问题检测后,各中小学校要通过对心理问题严重性评估,确定学生心理危机类别。评估工作每年3月和9月进行,学校心理评估小组由学校分管领导、心理专兼职教师及相关班主任组成,也可根据需要邀请县(市、区)心理辅导中心或省市有关专家参与评估。一般由学校心理评估小组完成。

各中小学校可参照浙教办教科〔2014〕66号文件要求,根据心理问题的严重程度,将中小学生的心理危机分为三大类别。

第一类为一般心理危机,主要是指在心理普查或心理辅导中发现的有轻微心理问题的学生;或在学习或生活中因适应困难、人际失调、情感受挫等原因出现轻微心理或行为异常的学生。

第二类为严重心理危机,主要是指在心理普查或心理辅导中发现的有严重心理问题,并出现明显心理或行为异常的学生;或在学习或生活中遭遇突然打击而出现明显心理或行为异常的学生。

第三类为重大心理危机,主要是指患有严重心理障碍(如患有抑郁症、恐怖症、强迫症、焦虑症等)或精神分裂症并已确诊的学生,自杀未遂或有自杀倾向的学生。

第二与第三类学生应纳入学校心理高危学生名单,予以重点关注与跟踪。

三、分类制定干预方案

各中小学校应参照浙教办教科〔2014〕66号文件要求,根据心理危机的类别分类制定干预方案,并建立学校心理危机预警库,将心理高危学生名单纳入其中,进行定期跟踪、动态管理。

对一般心理危机学生干预方案应主要由各中小学负责,并在校内进行备案;对严重心理危机及重大心理危机学生(即心理高危学生)干预方案,应报各地教育行政部门、心理健康教育指导中心备案,重大心理危机学生干预预案还应报省心理健康教育指导中心备案,并积极寻求专业支持。对心理高危学生的干预方案应包括心理检测结果、行为表现、原因分析、具体的干预措施及主要责任人。做到内容详细,措施操作性强,且责任明确。

四、高度重视中小学生心理危机识别与干预制度建设

1. 各级教育行政部门应尽快建立心理危机干预的校外支持系统,为中小学校开展心理危机的识别与干预工作提供有力的专业支持。近期,各地要抓紧建立心理危机干预小组,并开通心理危机求助热线,在学校醒目位置张贴公示,让学生人人知晓。省教育厅将委托省中小学心理健康教育指导中心根据心理检测结果及极端心理事件分析,每年定期发布《全省中小学生心理健康状况检测报告》和《全省中小学生心理危机预警通报》,指导全省中小学校开展心理危机识别与干预工作。

2. 各级教育行政部门应为中小学生心理危机识别与干预制度的建立与运行提供保障,并将中小学生心理危机识别与干预制度建设纳入学校平安校园考核指标。

3. 省教育厅将定期汇总全省各中小学心理高危学生干预方案,并聘请专家组协助各中小学开展对心理高危学生的干预工作。

各市、县(市、区)教育局要督促各中小学于每年4月20日前完成对中小学生心理问题的检测、评估工作,并制定相应的干预方案,同时由各设区市教育局于每年4月25日前汇总各地心理高危学生名单(见附件1、2)及干预方案(见附件3),报送给省中小学心理健康教育指导中心。

各中小学校在检测或评估学生心理问题方面若有困难或疑问,可与县(市、区)、市中小学心理健康教育指导中心联系,或向省中小学心理健康教育指导中心办公室进行咨询。

各地各学校在实施相关工作中注意保护学生个人隐私。

联系人：省中小学心理健康教育指导中心办公室付春林，联系电话：0571-88830095，邮箱：347649590@qq.com，联系地址：杭州市学院路35号浙江教育综合大楼五楼。

附件：1. 心理高危学生汇总表

2. 心理高危学生名单

3. 心理高危学生干预方案

浙江省教育厅办公室

2015年3月27日

（三）关于进一步提高我省中小学心理危机识别精准度和干预有效性的通知

关于进一步提高我省中小学心理危机识别精准度和干预有效性的通知

各市、县（市、区）中小学心理健康教育指导中心：

自省教育厅办公室《关于加强中小学生心理危机识别和干预工作的通知》（浙教办教科〔2014〕66号）和《关于全面建立中小学生心理危机识别与干预制度的通知》（浙教办教科〔2015〕24号）印发以来，各地积极认真落实，按要求全面开展中小学生心理危机排查工作，目前全省已初步建立了中小学心理危机识别与干预体系，但在具体实施过程中也出现了一些新情况、新问题。为切实改进工作，提高我省中小学校心理危机识别的精准度、干预的有效性以及转介的顺畅度，有效防范心理危机事件的发生，现就进一步提高我省中小学心理危机识别精准度和干预有效性通知如下：

一、全面完善中小学心理危机排查制度，提高心理危机排查工作的精准度

1. 全省中小学校要根据通知要求每年对本校学生（小学四年级以上学生）进行全面的心理筛查，心理筛查内容包括一般中学生（小学生）心理健康量表、性格量表和家庭情况调查，三方面内容缺一不可，特别是要注重对学生家庭情况的了解。从近几年我省中小学心理危机事件的调研情况发现，绝大部分心理危机事件发生在特殊家庭（如：单亲、离异、重组家庭或极度贫困、亲子关系冲突严重的家庭等）中。各地各学校必须重视做好心理危机的筛查工作，尤其是尚未安装心理检测系统的学校，要借助县（市、区）心理检测平台或心理促进会公益平台（http://sc.psystory.com）全面开展筛查工作。从2018年起，省教育厅将对学校心理危机识别工作进行专项调研，对于没有开展科学检测工作或排查不到位的学校将进行通报。

2. 全省中小学要全面构建班主任、学科教师、心理委员、心理辅导专兼职教师、宿管员、寝室长等人员参与的排查网络，明确各类人员的工作职责，及时上报学校心理危机评估小组。特别是班主任要密切关注学生的心理健康状况，了解每名学生的相关情况，尤其是要掌握有心理问题学生的动向，并定期（建议一月一次）上报心理危机评估小组，必要时要与心理教师共同跟进关注。

3. 省中小学心理健康教育指导中心办公室将于2018年5月初建成省级心理危机上报系统（http://120.199.30.38:9000/test/），该系统分为省、市、县（市、区）、学校四级管理系统。省指导中心将向各级管理系统分配账户，各中小学应通过省级心理危机上报系统定期（每年4月、9月）逐级上报学校心理危机筛查情况以及重大心理危机事件（即三类危机事件）。

二、及时制定分类干预方案，完善危机转介机制，提高心理危机处置有效性

各中小学校要按照浙教办教科〔2014〕66号文件的要求，根据心理危机的类别分类制定干预方案。对于一类危机的学生（即一般心理危机学生），由心理

教师协助班主任负责制定干预方案,报年级组备案;对于二类危机学生(即严重心理危机学生),由心理教师协助年级组长制定干预方案,报学校备案;对于三类危机学生(即重大心理危机学生),由心理教师在学校领导的牵头下制定干预方案,并报县(市、区)、市、省指导中心备案。

对于三类危机(即重大心理危机)学生,学校心理危机评估小组经过评估认为已超出学校辅导范围的,建议通知家长及时转介,并做好与家长的协商沟通工作(相关材料见附件1),保存书面记录与录音资料。学校可向家长推荐当地或省内外具备资质的专业咨询机构与医疗机构(见附件2),并做好与专业咨询机构与医疗机构的对接,及时了解学生的诊断与治疗情况。

如治疗恢复后申请重新就读,家长需携带相关证明材料向学校提出申请,学校召集心理危机评估小组,根据相关材料做出继续休学或者回校学习等评估。如认定可以回校学习的,班主任、学科教师、心理委员、心理教师要特别予以关注,定期跟踪记录,并与家长签订书面协议(见附件3),要求家长履行好监护职责并承担相应责任。

为提高家长对学生心理危机的识别与处理能力,省心指办正在制作有关心理危机预防的微电影,预计2018年9月前制作完成并正式发布。各有关学校要做好宣传教育,及时组织家长收看。同时,省中小学心理健康教育指导中心办公室根据学校心理危机识别与处置工作开展情况,每年视情况安排3—4期中小学生心理危机识别与干预培训,重点面向心理健康教育薄弱地区或部分从未安排教师参与心理危机干预培训的学校。从2018年开始,省中小学心理健康教育指导中心办公室将中小学心理危机识别与干预专题培训的名额向上述地区和学校倾斜,并根据培训报名情况,择期进行通报。

三、其他工作要求

1. 各地各学校在实施相关工作过程中要注意保护好学生的隐私。

2. 各地要高度重视心理危机识别与干预工作,根据浙教办教科〔2015〕24号文件要求,于每年4月25日前报送相关材料。为便于后续跟踪比对,报送名单采用实名制,同时,学校校长作为第一责任人,对所有报送材料负责。

3. 各地各学校要坚持不懈抓好心理危机识别与干预工作,进一步加强心理健康教育工作,特别是要注意做好亲子关系辅导、生命教育、学习压力疏导等工作。

各中小学校如在学生心理检测或问题评估等过程中遇到困难或问题,可与县(市、区)、市中小学心理健康教育指导中心办公室联系,或向省中小学心理健康教育指导中心办公室进行咨询。

联系人:省中小学心理健康教育指导中心办公室付春林,电话:0571-88830095,邮箱:347649590@qq.com。

附件:1. 学生心理健康状况告知书

2. 浙江省各地专业心理咨询与医疗机构一览表

3. 心理问题安全责任承诺书

浙江省中小学心理健康教育指导中心

2018年5月14日

(四)浙江省教育厅办公室转发《浙江省中小学心理健康教育指导中心关于心理高危学生转介流程及办法》的通知

浙江省教育厅

浙教办函〔2020〕272号

浙江省教育厅办公室转发《浙江省中小学心理健康教育指导中心关于心理高危学生转介流程及办法》的通知

各市、县(市、区)教育局、各高等学校：

为切实改进工作，提高我省心理高危学生转介的顺畅度与规范性，有效防范大中小学生心理危机事件的发生，省中小学心理健康教育指导中心研究制定了《关于心理高危学生转介流程及办法》，现转发给你们，并就做好相关工作通知如下。

一、明确工作职责。各地各学校应当将学生的生命安全置于首要位置，进一步明确工作职责，根据《中华人民共和国精神卫生法》的要求，及时与学生父母或者其他监护人、近亲属沟通学生心理健康情况，督促监护人履行监护责任。各地各学校要进一步健全心理高危学生的转介机制，切勿麻痹大意，切勿因家长阻力、学业成绩、毕业就业等各种缘由延误转介时机。

二、加强组织领导。各地各学校要切实加强对心理高危学生转介通道的统筹规划，确保学生心理安全，加强条件保障，完善转介机制，扩大转介通道，确保心理高危学生及时转介。

三、加强评估督导。各地应当对学校心理危机转介机制进行专项督导,对因转介不及时、不到位导致的心理危机事件要进行责任追究。

四、加强隐私保护。心理高危学生信息具有高度敏感性,各地各学校在实施相关工作过程中要注意保护好学生的隐私,并控制好相关舆情。

各中小学校如在学生心理转介或问题评估等过程中遇到困难或问题,可与县(市、区)、市中小学心理健康教育指导中心办公室联系,或向省中小学心理健康教育指导中心办公室进行咨询。省中小学心理健康教育指导中心办公室联系人:付春林,电话:0571-88830095,邮箱:347649590@qq.com。

各高校如在学生心理转介或问题评估等过程中遇到困难或问题,可联系省高校心理危机干预中心咨询,联系人:傅素芬,电话:13376817780,邮箱:wjgy28860800@126.com。

浙江省教育厅办公室
2020 年 11 月 11 日

浙江省中小学心理健康教育指导中心
关于心理高危学生转介流程及办法

针对心理危机识别与干预工作实施过程中出现的新情况、新问题,为切实改进工作,提高我省各级学校心理危机识别的精准度、干预的有效性、转介的顺畅度、复学的规范度等,有效防范心理危机事件的发生,制定心理高危学生转介流程及办法。

一、明确心理高危人群

根据历年来全省大中小学生非正常死亡情况分析和全省大中小学生心理危机事件实地调研情况,各地各学校应当高度关注以下几类心理高危学生。

（一）有各类精神疾病的学生。其指有精神分裂、双相情感障碍、双相人格障碍、神经症等的学生，特别是抑郁症患者。学校应当及时通知并建议家长转介至专科医院接受相关治疗。在所有的精神疾病中，抑郁症与个体的极端行为相关性最大。

（二）有极端行为倾向的学生。其指既往有自伤、伤人历史，曾经谈论过用极端行为结束生命并有过具体实施计划者，或家庭亲友中有采用极端行为结束生命或有此倾向的学生。

（三）初高中阶段有严重心理问题的学生。近三年来，我省中小学生自杀死亡事件中，绝大部分是有严重心理问题的初中生或高中生。这一群体是自杀的高风险人群。各地应当高度关注有严重焦虑或抑郁情绪的初高中学生。各高校应当重点关注在初高中阶段有过精神疾病史或自杀未遂史的学生。

（四）有明显性格偏差的学生。有性格偏差（过度冲突或过度内向）或人格障碍的学生易产生情绪冲动或做事不考虑后果等现象，为了发泄自己的情绪，甚至会采取极端手段，极易给自己或他人造成恶性后果。近年来，我省中小学生的自杀人群中有较大部分属于性格偏差者。各地各学校应当高度关注有明显性格偏差的学生。

（五）亲子关系严重不良的学生。近三年我省中小学心理危机事件调研结果显示，绝大部分心理危机事件产生的根源是家庭亲子关系严重不良或激烈的亲子冲突。特别是离异、重组、留守等家庭，容易发生缺少温暖、过分注重学习成绩、缺少情感交流、教育方式不当等现象，在发生亲子冲突后极易导致学生的极端行为。各地各学校在开展心理筛查和评估时要高度关注亲子关系不良的学生。

二、规范转介流程

（一）中小学校转介流程。各中小学要按照《浙江省教育厅办公室关于加强中小学生心理危机识别和干预工作的通知》（浙教办教科〔2014〕66号）的要求，根据心理危机的类别分类制定干预方案。对于一类危机学生（即一般心理危机学生），由心理教师协助班主任负责制定干预方案，报年级组备案；对于二类危机学生（即严重心理危机学生），由心理教师协助年级组长制定干预方案，报学校备案；对于三类危机学生（即重大心理危机学生），由心理教师在学校领导的牵头下制定干预方案，并报县（市、区）、市、省中小学心理健康教育指导中心备案。

对于重大心理危机学生，经过评估认为已超出学校辅导范围的，应通知家长及时转介（转介流程见附件1），并做好与家长的协商沟通工作（相关材料见附件2），保存书面记录与录音资料。学校可向家长推荐当地或省内外具备资质的专业咨询机构与医疗机构（见附件4），并做好与专业咨询机构与医疗机构的对接，及时了解学生的诊断与治疗情况。

（二）高校转介流程。高校学生心理危机预警等级，根据所涉及心理障碍的性质、程度及可能的后果，分为三个等级，分别是：

1. 一级预警。学生出现严重的精神病性症状（妄想、幻觉、情绪失控、缺乏自知力等），危及他人或自身的生命安全，出现伤害行为，且伤害行为尚未结束；或者出现群体性严重恐慌，以致威胁公共安全。

2. 二级预警。学生表现出明显的精神异常，或言语中流露出有自伤或伤人的倾向，且有一定的诱发事件和行为动机，但尚未有伤害行为的具体实施计划，未发生伤害行为。

3. 三级预警。学生有严重的心理适应问题，伴随一些精神症状，但尚有自知能力，愿意寻求帮助，或已在精神卫生专科医院接受治疗和辅导，并能坚持服药。

各高校要依据《中华人民共和国高等教育法（2018修正）》《浙江省精神卫生条例》《杭州市精神卫生条例》，按照《浙江省教育厅办公室关于建立安全事故（案事件）倒查分析工作机制的通知》（浙教办函〔2019〕196号）、《浙江省教育厅办公室关于加强复学前后高校心理危机预防与干预工作的通知》（浙教办函〔2020〕73号)等文件的要求,坚持以人为本、生命第一的原则,采取紧急、有效的方法和措施,及时对心理危机事件实施干预。一级预警,学校应即刻成立校级层面参与的心理危机突发事件应急处理工作组,负责危机处置。二级预警由学校学工部、学生处牵头成立心理危机突发事件处理工作组,负责危机处置。三级预警由学生所在二级学院或系部成立心理危机事件处理工作组,负责危机处置。

对于重大心理危机学生,各高校经过评估认为已超出学校辅导范围的,应当通知家长及时转介(转介流程见附件1),并做好与家长的协商沟通工作(相关材料见附件2),保存书面记录与录音资料。

三、重视治疗返校学生的心理支持

如治疗恢复后申请重新就读,家长需携带相关证明材料向学校提出申请,学校召集心理危机评估小组,根据相关材料做出继续休学或者回校学习等评估。如认定可以回校学习的,各学校要指定专人定期进行心理辅导,做好跟踪记录,辅导员、班主任、学科教师、心理委员、心理教师等都要特别予以关注。同时学校(二级学院或系部)要与家长签订书面协议(见附件3),要求家长履行好监护职责并承担相应责任。

附件:1. 心理高危学生转介流程图
      2. 学生心理健康状况告知书
      3. 心理问题安全责任承诺书
      4. 浙江省各地专业心理咨询与医疗机构一览表

（五）浙江省教育厅办公室关于加强中小学心理健康教育管理工作的通知

浙江省教育厅办公室文件

浙教办教科〔2021〕52号

浙江省教育厅办公室关于加强中小学
心理健康教育管理工作的通知

各市、县（市、区）教育局：

为进一步加强我省中小学心理健康教育管理工作，提高科学性、针对性和实效性，增强保障支撑和部门联动，全面维护中小学生心理健康，根据教育部办公厅《关于加强学生心理健康管理工作的通知》（教思政厅函〔2021〕10号）、教育部等五部门《关于全面加强和改进新时代学校卫生与健康教育工作的意见》（教体艺〔2021〕7号）精神，结合我省中小学心理健康教育管理工作开展情况，现就有关事项通知如下。

一、强化源头管控，促进学生健康成长

1. 优化校园育人环境。以义务教育"双减"为突破口，打好减负组合拳，大力推进教育评价改革，加强义务教育学校考试管理，大幅压减考试次数，严格规范学校教育教学行为。全面落实立德树人根本任务，遵循教育规律，推动"五育并举"育人理念落地落实，促进学生全面发展。开齐开足开好体育、美育、劳动教育课程，丰富校园生活。严格师德师风管理，严防校园欺凌行为，强化校园安全保障，为学生健康成长和全面发展创造良好环境。

2. 加强心理健康教育。把心理健康教育作为中小学素质教育的重要内容，摆在更加突出的位置,纳入校本或地方课程,列入课表,保证每班每月开设心理健康教育课不少于2课时,并将课时安排纳入学校综合考核指标。各校参照《浙江省中小学心理健康教育课程标准(修订稿)》,科学系统设计心理健康教育目标,开展形式多样的心理健康教育,提升学生心理健康素养,帮助学生掌握心理健康知识和技能,树立自助互助求助意识,培育学生积极心理品质,保持乐观向上心态,增强学生尊重生命、珍爱生命意识,学会理性应对挫折和困难,做到自尊自信、理性平和。

3. 分类疏导心理压力。积极营造关心关爱学生心理的氛围,针对学生在学习、生活、人际关系和自我意识等方面可能遇到的心理失衡问题,各地各校要主动采取预防举措,避免学生因压力无法缓解而造成心理危机。注重关心帮助学习遭遇困难、学业表现不佳、家庭经济困难和人际关系不良等处境不利学生,及时给予个别指导,鼓励同学间开展朋辈帮扶,帮助学生纾解心理压力、提振克服困难的信心。加强重大疫情、重大灾害等特殊时期心理危机干预,强化人文关怀和心理疏导。

4. 加强学校日常管理。将手机和读物管理纳入学校日常管理,制定具体办法,明确统一管理的场所、方式、责任人。严禁教师用手机布置作业或要求学生利用手机完成作业。注重发挥家、校、社协同育人合力,通过多种形式加强教育引导,帮助学生科学理性对待并合理使用手机和课外读物,避免简单粗暴管理行为,提高学生自我管理能力。

二、强化保障支撑,提高心理健康服务水平

5. 落实心理健康教育管理工作组织保障。加强对属地中小学心理健康教育管理工作的组织领导,明确分管领导、责任处室与业务负责人,有效发挥中小学心理健康教育指导中心的组织、协调及指导作用。指导各校完善心理健康教育管理组织架构,成立学校心理健康教育工作领导小组,学校主要领导要履行心理健康服务工作职责,明确责任部门,推动具体工作落实落细。各地各校在年度预算中安排足额经费,统筹用于区域内学生心理健康教育管理工作。

6. 推进心理健康教育师资队伍建设。逐步配齐专职心理健康教育教师,到2023年,全省学生规模千人以上的中小学及具有多校区、多学段的学校要配齐专职心理健康教育教师。到2025年,全省所有中小学要配齐专职心理健康教育教师。建立完善中小学心理健康教育教师的准入、工作职责和教研制度,健全中小学心理健康教育教师的管理和评聘办法,探索更加符合心理健康教育教师特点的绩效考核与评价指标体系,落实心理健康教育教师享受班主任同等待遇政策。在班主任及各学科教师岗前培训、业务进修、日常培训等各类培训中,将心理健康教育作为必修内容。2025年前全省各级教研机构配备专职心理健康教育教研员。

7. 完善学生心理危机筛查制度。设立或依托相关专业机构定期组织区域内中小学开展心理健康测评工作,利用大数据和智能技术提高学生心理问题识别精准度。每年面向小学高年级、初中、高中开展一次心理健康测评,科学运用学生心理健康测评结果,推动建立"一生一策"的心理成长档案。各校设立校心理危机工作领导小组,建立完善动静态结合的心理危机筛查制度,在全员心理普查的基础上,结合班主任、学科教师、心理委员等动态观察情况进行综合评估,确定心理高危学生名单。

8. 夯实心理咨询和辅导服务体系。加强县级心理辅导中心平台建设,到2025年,70%的县(市、区)建成标准化心理辅导中心,整合提升服务功能,为中小学生提供心理咨询、督导和危机干预。健全中小学心理辅导室使用及管理、辅导人员工作职责、辅导室值班、辅导预约制度以及辅导档案建立与保管、转介机制等制度,提高中小学心理辅导室的运行实效。充分利用校内课后托管时间,各级中小学心理辅导室适当延长开放时间,为中小学生提供优质的心理健康服务。

9. 加强心理督导机制与网络建设。加快建立心理督导培训体系，选派骨干教师定期参加心理督导师培训，培养一批专业的心理督导师，完善督导机制。在符合条件的地区，逐步推进心理督导分站、督导点建设，完善心理督导网络，充分发挥定期督导、业务指导和技能培训等功能，不断提升心理健康服务的科学性和有效性。

三、强化过程管理，提高心理危机动态跟踪和干预成效

10. 精准落实心理危机动态管理。充分发挥省学生心理危机动态识别与干预管理平台的作用，强化重点人群动态跟踪管理，实现上报与回访全覆盖。各地各校及时、如实将筛查出来的心理高危学生情况上报省学生心理危机动态识别与管理平台，不得瞒报漏报。各校与每个家庭每学期直接沟通联系1次以上，并将学生的家庭情况、成长环境与经历等作为心理普查建档的重要内容。在开学前后、小长假前后等重点时段，组织班主任、心理教师等协同开展线上线下家访，摸清底数，全面摸排重点人群心理状况。对摸排过程中发现的心理高危学生，要及时处置，做好与家长的沟通，动态跟踪，注意全程保密，维护学生权益。

11. 全面建立危机研判与转介制度。各校建立心理危机综合研判制度，定期评估初步筛查出来的心理高危学生的心理状态，提高综合研判能力。强化医教协同，建立精神卫生机构对学校的支持协作机制，为中小学校提供转介服务。对已发现的有重大心理安全隐患并已超出学校工作或能力范围的学生，在做好保密工作的前提下，积极与家长沟通，及时转介到相应专业机构进行诊断治疗。

12. 妥善做好极端心理事件善后处置。针对校内发生的极端心理事件，各校应当立即启动应急工作预案，第一时间联系学生家长，并在当地教育、公安、政府等部门指导下核实情况、及时处理，做好事后心理危机干预工作。针对可能引发的社会关注，学校要按照公开透明原则及时回应，尽快平息，避免事态扩

大。对在网上进行恶意炒作者,争取网信、公安等部门支持,合力做好应对。

四、强化综合治理,形成学生心理健康工作合力

13. 强化工作落实的督查考核。建立健全心理健康教育管理的督查考核问责机制,将其纳入现代化学校创建、平安校园考核以及全省教育业绩考核指标。加强对心理健康教育管理工作规范化的督导检查力度,落实通报、整改制度,确保事有人干、责有人负、效有人问。

14. 健全家庭教育指导体系。注重发挥家长监护主体的作用,进一步健全家庭教育指导体系,确保家庭教育全覆盖。切实加强家校有效沟通,指导学校及时与家长交流学生在校学习情况和校外生活状态,缓解家长焦虑情绪,与家长共同做好学生心理健康教育和危机预防干预工作。

15. 构筑协同联动工作机制。各级教育部门要加强属地中小学生心理健康问题及其事件、趋势的深入分析与研究,主动与相关部门沟通商议,积极推动地方党委和政府成立社会(青少年)心理服务领导机构,建立工作机制,形成部门协同、齐抓共管的工作合力。通过大数据平台,建立健全各部门的信息共享机制,做到底数清、情况明、措施实,提升学生心理健康服务工作规范化、制度化水平。整合教育、卫健、文明办、妇联及其他系统资源,统筹心理教师和精神医生等专业力量,完善各级心理服务专家指导委员会制度,落实职责,提升服务。要借势借力,补短补缺,进一步建立健全家庭、学校、政府、社会、学生"五位一体"责任体系,汇聚起共同守护学生心理健康的磅礴力量。

浙江省教育厅办公室

2021年11月25日

二、中小学心理危机预警通报(2020—2022年)

(一)浙江省教育厅办公室关于印发 2020 年春季中小学生心理危机预警的通知

浙江省教育厅

浙教办函〔2020〕46号

浙江省教育厅办公室关于印发 2020 年春季中小学生心理危机预警的通知

各市、县(市、区)教育局:

为预防 2020 年新冠肺炎疫情可能引发的各类心理危机事件,确保广大中小学生的身心安全,根据我省新冠肺炎疫情现状以及 2019 年中小学心理健康状况的检测结果、2019 年全省中小学生非正常死亡情况分析与 2019 年中小学生心理危机事件实地调研情况,现就 2020 年春季中小学生心理危机预防和干预工作提出如下预警,请各地各学校参照执行。

一、重点预警区域

1. 曾被我省列入新冠肺炎疫情较高或高风险的地区,如 ××、××、×× 等地。

2. 我省近几年中小学心理危机事件的高发区域,如 ××、××、××、×× 等地,特别要关注新冠肺炎疫情高风险与心理危机高发叠加区。尽早开展心理筛查和评估,提前确定心理高风险人群。

3. 外来务工人员子女求学密集地。尤其要对来自外省重点疫区在浙上学的学生开展全方位的心理筛查和评估,提前确定心理高风险人群。

二、重点预警时段

1. 延迟开学期间。部分学生可能会因网课学习效果不佳产生情绪焦虑、内心抑郁或心理恐惧等不良心理，容易引发心理危机事件。同时，居家学习期间，亲子冲突会加剧，也容易引发心理危机事件。

2. 返校复学前后。返校复学前后，由于校园生活与假期生活的巨大反差，极易诱发或加重部分有严重心理问题学生的自杀行为。同时，家长在开学前后对子女作业完成情况的检查、电子产品的严控等措施，遇到开学新应激，极易引发严重的人际冲突，进而诱发学生自杀的危机行为。

3. 春季。每年的3—5月是心理危机事件的高发期。在春季，因日照和气温变化较大，加之春季阴雨天气多，极容易影响人的情绪，特别是具有严重心理问题或患有心理疾病的学生，极易在春季诱发心理危机事件。近年来，春季一直是我省中小学生自杀事件发生最集中的时段。

4. 重大考试前后。目前，初高中毕业班学生普遍比较焦虑，应尤为加强关注。各地教育局应通知各中小学校高度关注重大考试前后学生的心理变化，特别是今年受疫情影响，各地各校应更加重视并加以防范。

5. 重大应激事件发生后。除上述时段之外，中小学生在学习或生活中遭遇突然打击后，如人际冲突、教师处罚、亲子冲突、家庭变故等，也极易采取极端行为。近年来，有数起中小学心理危机事件是因学生与教师或家长的冲突引发，应引起各中小学校的高度警觉。

三、重点预警对象

1. 来自重点疫区的中小学生。对来自省内外重点疫区的中小学生，开学后极易引起同伴的关注和警觉，同伴可能会出现贴标签等行为，严重的可能引发校园欺凌，爆发严重的人际冲突，进而引发心理危机事件。

2. 家属或自身患有新冠肺炎的学生。身边或自身患有或曾患有新冠肺炎，可能会增加部分中小学生的心理压力,加上自我的敏感性格,如感觉别人戴有色眼镜看自己或过度担心自身健康状况等,都极有可能诱发心理危机。

3. 抗疫一线工作人员子女。身处一线的抗疫工作人员,特别是医护人员以及社区工作人员等,他们的子女大部分可能会出现担心、紧张等情绪,特别是当抗疫人员感染了新冠肺炎乃至牺牲时,极易诱发子女的心理危机。

4. 初高中毕业班学生。由于延期开学,初高中毕业班学生普遍反映居家学习效率不高,甚至出现了两极分化的现象。在面对紧张的中高考时,这次疫情会加剧部分学生的学习焦虑,进而引发危机事件。

5. 有各类精神疾病的学生。学校应高度关注有各类精神疾病的学生,特别是抑郁症患者,学校应及时通知并建议家长转介至专科医院接受相关治疗。在所有的精神疾病中,抑郁症与个体的自杀行为相关性最大。

6. 有严重心理问题的初高中学生。近三年来,我省中小学生自杀死亡事件中,绝大部分是有严重心理问题的初中生或高中生。这一群体是自杀的高风险人群。各地应高度关注有严重焦虑情绪的初中生以及有严重困扰的高中生。

7. 有明显性格偏差的学生。有性格偏差或人格障碍的学生易产生情绪冲动或做事不考虑后果等现象,为了发泄自己的情绪甚至会采取极端手段,极易给自己或他人造成恶性后果。近年来,我省中小学生的自杀人群中有较大部分属于性格偏差者。

8. 亲子关系不良的学生。延迟开学期间,亲子冲突是一个比较突出的问题。同时,近三年我省中小学心理危机事件调研结果显示,绝大部分心理危机事件产生的根源是家庭亲子关系不良。特别是离异、重组、留守等家庭普遍缺少温暖,家长过分注重学习成绩、缺少情感交流、教育方式不当,在发生亲子冲突后,极易导致学生的极端行为。在开学前后开展心理筛查和评估时,各地要高度关注亲子关系不良的学生。

四、应对策略

对于重点预警区域、重点预警时段以及重点预警对象,各市、县(市、区)教育行政部门及中小学校应采取以下干预措施与策略。

1. 全面评估全体学生受新冠肺炎疫情影响后的心理健康状况,及时排查重点预警区域、重点预警对象的心理状况,做到重点突出、兼顾全体。对排查出的心理高危学生及时处置,一人一档(见附件1),特别严重的群体聚集性("传染性")心理状况,需要及时联络当地权威心理卫生医疗机构,同时报省中小学心理健康教育指导中心办公室备案。

2. 各市、县(市、区)教育行政部门及中小学心理健康教育指导中心应尽快将心理危机预警通报转发至各中小学校,让各中小学校知晓心理危机重点预警时段及重点预警对象,提前布局,做好家校沟通,时刻关注学生的心理动态。要求各中小学于本学期正式返校复学后一个月内全面完成对心理高危学生的筛查工作,制定相应的干预方案并报省中小学心理健康教育指导中心办公室(见附件1)。

3. 重点预警区域的各市、县(市、区)教育行政部门及中小学心理健康教育指导中心应督促各中小学校进一步加大筛查力度,用好省中小学心理健康教育指导中心印发的《中小学心理危机筛查与干预工作手册》,提高干预的精准度、有效性,并及时做好转介工作。

4. 各市、县(市、区)教育行政部门及中小学心理健康教育指导中心应加大对各中小学在开学前后、春季以及中高考前后等重点预警时刻学生心理危机工作的指导,责成中小学校在校园显眼处公布心理辅导室开放时间,公开各地心理求助热线电话(见附件2),方便学生求助。各中小学校应定期开放学校心理辅导室,安排专兼职心理辅导教师接待心理困惑及心理危机学生,预防心理危机事件的发生。

5. 各市、县(市、区)教育行政部门及中小学心理健康教育指导中心应高度关注重点预警对象的情绪变化,特别是初高中生的情绪变化,以及受疫情影响较大的初高中毕业生的情绪变化,指导各中小学加大关注和干预力度,有效遏制心理危机事件的发生。

省中小学心理健康教育指导中心将组织专家组对重点区域的心理危机识别与筛查工作开展调研,指导各地开展心理危机的识别与筛查工作。其他未尽事宜请与省中小学心理健康教育指导中心办公室联系,联系人:付春林,联系电话:0571-88830095,电子邮箱:347649590@qq.com。

附件:1. 心理危机信息上报表格
   2. 全省各地心理危机干预热线电话

浙江省教育厅办公室
2020 年 3 月 16 日

(二)浙江省教育厅办公室关于继续做好暑期中小学心理高危学生预警和干预工作的通知

浙江省教育厅

浙教办函〔2020〕163 号

浙江省教育厅办公室关于继续做好暑期中小学心理高危学生预警和干预工作的通知

各市、县(市、区)教育局:

根据浙江省教育厅办公室《关于全面建立中小学生心理危机识别与干预制度的通知》(浙教办教科〔2015〕24 号)和《关于印发 2020 年春季中小学生心

理危机预警的通知》(浙教办函〔2020〕46号)等文件精神,开学复课以来全省各地、各校认真组织开展2020年中小学心理高危学生排查工作,排查出一批心理高危学生。为持续做好暑期心理高危学生的预警和干预工作,现将有关要求通知如下。

一、提高认识,提前预警,确保常抓不懈

心理健康事关学生生命安全,事关家庭幸福,事关社会和谐稳定。各地要高度重视学生的心理健康,要进一步提高政治站位,坚决克服侥幸心理,增强底线思维和风险意识,做到疫情防控和心理危机干预"两手抓"。

各地要根据省教育厅发布的春季心理危机预警通知,指导学校动静态结合开展常态化的心理危机筛查,大力加强班主任对学生心理危机的动态观察,综合心理普查和动态观察等信息,联合评估确定心理高危对象,制定个性化干预方案。

各地应在常态化心理危机筛查的基础上,全面建立区域、学校心理危机预防、预警和干预工作长效机制,在前期心理危机排查的基础上,继续深入全方面全员参与跟踪学生心理动态,综合运用全员家访、线上线下班会、线上线下追踪、线上线下辅导、微信公众号等举措,着力提升父母养育观、成才观以及对学生心理健康的重视度,切实维护学生的心理安全,做到学生心理健康有人问,有人追,有人监督,有人考核,确保学生度过一个健康、安全的暑期生活。

二、突出重点,细化流程,确保持续关注

各地要在对重点地区、重点对象等心理危机排查、评估的基础上,确定心理高危学生名单,建立完善相关制度,确保学生心理安全。各地要指导各校对今年以来排查出的二类和三类高危学生开展一次专题研讨会,特别关注复学以来长期休学在家的学生心理状态,制定针对性综合干预举措,切实降低中小学生心理危机等级,提升中小学生心理素质。

各地要重点做好学生放假离校的后续跟踪工作(见附件1),充分调动班主任、心理健康专兼职教师、社区等力量,会同家长,通过线上信息收集等渠道,动态跟踪学生的心理状态,做到学生心理状态每周跟踪,确保实时掌握学生心理状态与干预情况;要统筹安排好假期及开学初学生心理安全管理,既要全员参与,又要注意对相关信息进行保密。

暑假期间,各地要指导各校对心理高危学生建立动态跟踪机制,班主任及学校心理专兼职教师应定期与心理高危学生联系,开展必要的心理辅导与干预,强化心理高危学生的社会支持系统,做到"放假支持系统不下线"。

对认定为超过学校辅导能力范围的心理高危对象,各地应指导学校综合运用家长约谈、医教结合、社区联动等举措,确保高危学生及时得到转介救治,并跟踪学生动态,及时掌握学生康复情况。

三、加强家校沟通,提高危机意识,明确家庭责任

各地要充分认识到家庭对心理危机学生的重要影响,探索建立家校联动的全流程干预心理高危学生工作机制。在暑期开始之前,学校应通过书面告知书(见附件2)等方式明确告知家长心理高危学生的风险性,学校应指定专人(分管校长、班主任或心理老师等)约谈家长,当面告知并注意回避学生本人,保护相关学生隐私,并及时向家长推荐转介相关医疗或咨询机构(见附件3)。各地应指导各校注意提高家长对各类心理疾病和心理危机的基本认识,明确家长在学生心理危机干预中承担的就医、确保安全等责任。同时,各地要注意引导和帮助家长树立正确的教育观,在暑期开始之前利用不同渠道向家长普及心理健康教育知识,为家长提供促进孩子心理健康发展的具体方法。

四、完善干预方案,压实责任,抓好落实

各地要指导各校制定暑期和秋季开学心理高危学生预防和干预工作方案,

进一步细化地市、区域、学校学生心理健康维护和心理危机干预工作方案,查漏补短,切实做好暑期及秋季开学期间心理健康维护和心理危机干预等各项工作。各市、县(市、区)教育行政部门应提前布置,做好家校沟通,时刻关注学生的心理动态。请地方各级教育行政部门于 7 月 15 日前将相关工作布置至各学校,对未落实布置任务或布置不及时等导致的学生心理危机事件,将对相关责任人进行通报,并追究相应责任。

请各地于 7 月 25 日前将制定的暑期和秋季开学学生心理危机预防和干预工作方案、对排查高危对象的专题研讨会情况报省中小学心理健康教育指导中心办公室。

其他未尽事宜请与省中小学心理健康教育指导中心办公室联系,联系人:付春林,联系电话: 0571-88830095,电子邮箱: 347649590@qq.com。

附件:1. 心理高危学生动态跟踪表

2. 学生心理健康状况告知书

3. 浙江省各地专业心理咨询与医疗机构一览表

浙江省教育厅办公室

2020 年 7 月 9 日

(三) 浙江省教育厅办公室关于2021年春季中小学生心理危机预警的通知

浙江省教育厅

浙教办函〔2021〕34号

浙江省教育厅办公室关于2021年春季中小学生心理危机预警的通知

各市、县(市、区)教育局:

为预防2021年春季及各重点时段中小学生可能引发的各类心理危机事件,确保全省中小学生的身心健康,根据我省历年中小学生心理健康状况的检测结果、全省中小学生非正常死亡情况分析与全省中小学生心理危机事件实地调研情况,现就中小学生心理危机提出预警,请各地各学校高度重视,加强心理危机排查与干预,切实降低中小学生心理危机事件的发生率。

一、重点预警区域

近几年来我省中小学生心理危机事件的高发区域,如××、××、××、××等地,尤其是××市各级各类学校要高度关注中小学生的心理动态,对心理高危学生保持时刻警惕。

二、重点预警时段

(一)新学期开学及各类小长假前后。新学期开学以及各类假期前后,由于校园生活与假期生活的巨大反差,极易诱发或加重部分有严重心理问题学生的自杀行为。同时,家长在开学前后对子女作业完成情况的检查、电子产品的严控等措施,遇到开学复学等新应激,极易引发严重的人际冲突,进而诱发学生自杀的危机行为。

（二）春夏之交。每年的3—5月是心理危机事件的高发期。在春季，因日照和气温变化较大，加之阴雨天气多，极容易影响人的情绪，特别是患有严重心理问题或心理疾病的学生，极易在春季诱发心理危机事件。近年来，春季一直是我省中小学生自杀事件发生最集中的时段。

（三）重大考试前后。上半年是考试季，初中毕业班学生和参加选考、学考的高中学生普遍比较焦虑，应尤为加强关注。各地教育局应通知各中小学校高度关注重大考试前后学生的心理变化，特别是2021年受疫情影响，各地各校应更加重视并加以防范。

（四）重大生活事件发生后。除上述时段之外，中小学生在学习或生活中遭遇突然打击后，如人际冲突、教师处罚、父母离异、亲子冲突、家庭变故等，也极易采取极端行为。近年来，有数起中小学心理危机事件是因学生与教师或家长的冲突引发，应引起各中小学校的高度警觉。

三、重点预警对象

（一）有各类精神疾病的学生。学校应高度关注有各类精神疾病的学生，特别是抑郁症患者，学校应及时通知并建议家长转介至专科医院接受相关治疗。在所有的精神疾病中，抑郁症与个体的自杀行为相关性最大。

（二）有严重心理问题的初高中学生。近几年来，我省中小学生自杀死亡事件中，绝大部分是有严重心理问题的初中生或高中生。这一群体是自杀的高风险人群。他们存在自杀意念、自杀准备、自杀（自残）行为。各地应高度关注有严重情绪障碍的中学生，如焦虑、抑郁等。

（三）有明显性格偏差的学生。有性格偏差或人格障碍的学生易产生情绪冲动或做事不考虑后果等现象，为了发泄自己的情绪甚至会采取极端手段，极易给自己或他人造成恶性后果，如有明显的攻击性行为或暴力倾向，或其他可能对自身、他人、社会造成危害的学生,性格过于内向、孤僻、缺乏社会支持者。近年来,我省中小学生的自杀人群中有较大部分属于性格偏差者。

(四)亲子关系不良的学生。青春期适应严重不良的中学生,产生亲子冲突是一个比较突出的问题。通过近年来我省中小学心理危机事件调研结果发现,绝大部分心理危机事件产生的根源是家庭亲子关系不良。特别是离异、重组、留守等家庭普遍缺少温暖,家长过分注重学习成绩、缺少情感交流、教育方式不当,在发生亲子冲突后极易导致学生的极端行为。各地在开学前后开展心理筛查和评估时要高度关注亲子关系不良的学生。

(五)正常社会功能受损的学生。由于网络成瘾、厌学情绪、学习压力、适应不良等而出现心理或行为异常,导致其不能正常学习、生活和人际互动的学生也是心理危机的高发群体,应予以高度关注。

以上各种因素叠加的学生,尤其要引起重大关切。

四、应对策略

对于重点预警区域、重点预警时段以及重点预警对象,各市、县(市、区)教育行政部门及中小学校应采取以下干预措施与策略。

(一)严格落实减负各项要求。各地各校要严格按课程标准和进度要求教学,开齐开足开好国家规定课程,落实各学科课程标准和教学基本要求。开学初应适当放慢进度,不拔高教学要求,不赶超教学进度,不得考察未学内容,不得布置超前作业、超纲作业和超量作业。不得开学初即组织考试,不得以任何方式在校内外公开发布考试成绩和排名。要着力推动家庭减负,引导广大家长树立科学育儿理念,充分保护青少年儿童权益,尊重青少年儿童成长规律,理性帮助孩子确定成长目标,合理安排学习计划,培养良好学习习惯,避免盲目攀比、跟风报班,努力为孩子营造宽松的学习氛围。

(二)加强对家长的指导服务。各地各校要充分利用数字家校资源,办好家门口的家长学校,为家长提供精准的家庭教育指导服务。近期我厅将通过浙江家长学校网站(http://jzxx.zjer.cn/)、之江汇教育广场客户端、教育之江微信微博推出学生心理健康、青春期教育、亲子沟通、家长情绪管理等学习专题,供全省家长公益点播;各地要用好中小学数字家长学校平台,近期集中面向家长推送2—4个相关数字资源,引导广大家长切实履行家庭教育职责,加强与孩子沟通交流,及时了解孩子心理状况,如有问题,应第一时间告知学校。有条件的地区近期应集中组织开展1次以上学生心理健康线上主题讲座,同时通过学校家访、实地专题讲座、推介《家庭教育指导手册》等形式,指导家长做好家庭教育相关工作。

(三)加强对学生的正面引导。各地各校要将学生身心健康作为当前首要工作,摆上重要议事日程。近期要重点加强学生生命健康教育和心理健康教育。开学两周内,各校要安排一堂生命健康教育和心理健康教育课,开展一次主题教育,通过"生命是什么"生命价值大讨论、"爸爸妈妈听我说""我和老师同学谈谈心"等活动,教育引导学生正确理解生命真谛,珍爱生命,及时纾解心理问题。

(四)全面评估心理状况。各地各校在开学前后要组织学校班主任、心理健康教师、心理委员等,通过多种形式与家长沟通交流、与学生谈心谈话、动态监测等,全面评估全体学生心理健康状况,及时排查重点预警区域、重点预警对象的心理状况,做到重点突出、兼顾全体。各校要在开学后一个月内全面完成对心理高危学生的筛查工作,制定相应的干预方案,并于4月15日前上传至中小学生心理危机动态识别和干预管理平台,对心理高危学生实施动态管理。班级要掌握所有学生情况,学校要掌握所有预警对象情况,教育局要掌握所有重点预警对象名单。

(五)注重结果运用。对排查出的心理高危学生,各地要及时处置,一人一档,注意全程保密,维护学生权益,不得随意透露学生的相关信息,实时登录省中小学心理危机动态识别和干预管理平台（http://wjgl.zjedusri.com.cn/login?redirect=%2FcrisisWarning%2Fwarning）进行动态管理，注意账号的保密。对有一定心理问题或苗头倾向的目标学生，班主任及任课教师要及时与学生、家长做一次深度沟通，了解学生及其家庭情况，做好指导、引导和劝导工作；对排查出的心理高危学生，校领导要协同专业人员，依据心理危机评估状况，与家长协调处置方案，及时采取危机干预措施，并第一时间报当地教育行政部门。重点预警区域的各市、县（市、区）教育行政部门及中小学心理健康教育指导中心应督促各中小学校进一步加大筛查力度，用好省中小学心理健康教育指导中心印发的《中小学心理危机筛查与干预工作手册》，提高干预的精准度、有效性，并及时做好转介工作。对于症状判断有疑难的，可通过省学生心理诊疗与研究中心的远程会诊平台申请心理专家在线联合评估。

（六）提供心理健康服务。各市、县（市、区）教育行政部门及中小学心理健康教育指导中心应加大对各中小学在开学前后、春季以及中高考前后等重点预警时段学生心理危机工作的指导，责成中小学校在校园显眼处公布心理辅导室开放时间，公开各地心理求助热线电话（见附件），方便学生求助。各中小学校应定期开放学校心理辅导室，安排专兼职心理辅导教师接待有心理困惑及心理危机的学生，预防心理危机事件的发生。

省中小学心理健康教育指导中心将于 3—4 月组织专家组对重点区域的心理危机识别与筛查工作开展调研，指导各地开展心理危机的识别与筛查工作。其他未尽事宜请与省中小学心理健康教育指导中心办公室联系，联系人：付春林，电话：0571-88830095，电子邮箱：347649590@qq.com。

附件：全省各地心理危机干预热线电话

浙江省教育厅办公室
2021 年 3 月 4 日

（四）浙江省教育厅办公室关于做好2021年秋季开学前后中小学生心理安全工作的通知

浙江省教育厅

浙教办函〔2021〕209号

浙江省教育厅办公室关于做好2021年秋季开学前后中小学生心理安全工作的通知

各市、县（市、区）教育局：

根据历年中小学生心理安全形势研判，开学前后是中小学生心理危机事件的高发时段。为确保2021年秋季开学前后中小学生心理安全，提前谋划落实维护学生心理安全的工作举措，现就做好近期中小学生心理安全工作通知如下。

一、针对重点人群逐一开展家访。各地各校应在开学前后组织一次针对小学高段、初中、高中生全员家访，重点针对各类精神疾病、严重心理问题、明显性格偏差、严重网络成瘾、严重亲子关系不良以及未及时到校等六类重点人群，组织班主任、心理教师逐一进行家访与谈心谈话，摸清底数，全面评估重点人群心理状况。班级要掌握所有学生情况，学校要掌握所有重点人群情况，教育局要动态掌握所辖区域的重点人群情况。各地各校对家访过程中发现的心理高危学生，要及时处置，做好与家长的沟通，注意全程保密，维护学生权益。此项工作应在8月28日前完成。

二、科学检查作业与管控手机。临近开学，各地各校要注意引导家长理性科学检查暑期作业与管控手机,避免简单粗暴的管理行为。各校要及时了解学生完成暑假作业情况,不得要求学生凭暑假作业报到,要允许部分学生开学后在教师、同学的帮助下逐步完成暑期作业。一旦发现家长针对学生作业问题有过激言行的,要及时有效地给予引导。对于开学后将手机带入校园的学生,学校要统一保管并做好学生的教育引导工作,注意方式方法。

三、持续动态跟踪心理高危学生。各地各校要提高学生心理安全意识,高度关注已排查出的心理高危学生,充分利用好省中小学心理危机动态识别和干预管理平台,对心理高危学生建立一人一档,实时动态管理。各地各校要加强家校协同,密切关注心理高危学生的情绪、行为、人际关系等动态变化,一旦发现异常情况,立即由校领导牵头组织专题分析会,及早开展干预工作,做好家校沟通,必要时建议家长及时转介至专业医疗机构进行诊断与治疗。对因心理问题休学要求返校的学生要进行综合评估,做好与家长的沟通,确保学生安全。

四、开展多种形式的适应性辅导活动。各地各校应在开学两周内结合学生的心理变化,开展多种形式的适应性心理辅导活动。要充分利用学校心理辅导室,重点围绕情绪调适、亲子沟通、时间管理、生命教育等内容,开展1—2次心理辅导活动课、团体辅导、心理专题讲座或主题班会课等活动,帮助学生及时缓解心理压力,适应学校生活。

五、加大开学前后的家庭教育指导力度。各地各校要加强开学前后家校联系工作,强化家校共育。通过班级群、微信公众号、网上家长会等多种途径向家长推送家庭教育学习资源,引导广大家长树立科学育儿理念,加强与孩子沟通交流,及时了解孩子心理状况,如有问题应第一时间告知学校。各地各校要引导家长合理应对开学前后因作业检查、手机管控等问题可能引发的亲子冲突,提高家长的亲子沟通能力,有效预防极端心理事件,维护学生身心健康。

各地应立即布置工作,并以设区市为单位将上述工作开展情况及相关统计数据(见附件),于9月15日前上报省中小学心理健康教育指导中心办公室。其他未尽事宜请与省中小学心理健康教育指导中心办公室联系,联系人:付春林,联系电话:0571-88830095,电子邮箱:347649590@qq.com。

附件:开学前后(截至9月15日)学生心理安全工作开展情况统计表

浙江省教育厅办公室
2021年8月25日

(五)浙江省教育厅办公室关于做好2022年春季开学前后中小学生心理健康工作的通知

浙江省教育厅

浙教办函〔2022〕24号

浙江省教育厅办公室关于做好2022年春季开学前后中小学生心理健康工作的通知

各市、县(市、区)教育局:

当前,我省部分地区仍受新冠肺炎疫情影响,根据疫情现状及历年中小学生心理健康形势研判,春季开学前后是我省中小学生心理危机事件的最高发时段。为确保2022年春季开学前后等重点时段中小学生心理健康,提前谋划落实维护学生心理健康的工作举措,现就做好春季开学前后中小学生心理健康工作通知如下:

一、系统梳理心理健康风险点,抓住防范要点

各地要及时系统总结梳理存在的心理健康风险点,聚焦风险点集中攻关,

超前谋划,不断创新解决心理健康防范要点,重点关注以下四大风险点:

(一)疫情反复导致学生明显的心理不适。疫情反复导致防控措施升级变化,部分学生可能要持续经历居家隔离或持续受管控措施影响,或者是家庭成员及自身感染新冠肺炎,容易导致学生产生恐慌、焦虑、抑郁等不良情绪,叠加开学前后的学业压力、亲子关系不良等因素,容易引发心理危机事件。

(二)新学期开学入学适应问题。新学期前后,由于生活节奏变化,加上气温变化较大,春季阴晴不定,气候变暖,容易对人的情绪产生影响,需高度关注此时段学生的情绪与行为变化,防范心理危机事件。

(三)管教方式不当引发亲子冲突。新学期开学前后,家长会高度关注子女寒假期间作业完成情况,如果管教方式不当,容易在作业检查及电子产品使用管控等方面引发亲子冲突,进而爆发心理危机事件。

(四)重大考试引发心理压力。上半年重大考试比较集中,不少考生备战中高考,自感心理压力较大,加之自我期望过高或部分家长、学校期望过高,比较容易导致更大的心理压力,进而引发心理危机事件。

二、紧盯心理健康重点对象,厘清防控重点

春节前后,我省××、××、××等地陆续遭遇疫情,不少家庭及学生受到影响。其他地区也有零星疫情,并偶发心理危机事件,应引起高度重视、系统谋划,切实做好学生心理危机的预防、发现、干预和转介各项工作,重点关注以下五大重点人群:

(一)心理高危学生。对已发现的各类心理高危学生,重点包括患有抑郁症、焦虑症、双向情感障碍等心理疾病,或有自杀史等学生,学校在做好人文关怀的基础上要及时通知并建议家长转介至专科医院接受相关治疗,并做好追踪工作。

(二)有明显性格偏差的学生。明显性格偏差包括过度内向、过度冲动等情感行为表现,容易产生冲突行为,为了发泄情绪甚至采取极端手段,极易给自己或他人造成恶性后果，需要各地各校高度关注，纳入心理高危学生名单进行动态管理。

（三）明显亲子关系不良的学生。调查发现，亲子冲突导致的学生心理危机事件占比达80%左右。家庭缺少温暖、家长过分注重学习成绩、缺少情感交流、教育方式不当等，都容易导致亲子冲突，极易引发心理危机事件。这类学生也应纳入心理高危学生名单进行动态管理。

（四）受疫情影响的学生。突然遭遇疫情，需要居家隔离的学生，特别是家庭成员或本人遭受感染等遭遇性危机后容易引起心理或行为异常的学生，应作为心理高危学生进行动态管理。

（五）持续间歇或长期未到校学生。由于家庭、个人等复杂综合因素，目前有不少学生以各种缘由持续间歇或长期不去学校，该类学生心理危机风险也较大，需引起关注，纳入心理高危学生名单进行动态管理。

三、强化思想认识，切实抓好心理健康各项工作

各地要始终坚持"生命第一、健康第一"的站位，不断增强维护学生心理健康的责任感、使命感，切实系统有效抓好心理危机预防、筛查和干预各项工作。

（一）迅速行动，及时开展心理危机摸排。全面评估学生心理健康状况，各地各校在开学前后组织一次重点学生全员家访，通过班主任、心理教师等采用家访、心理普查等多种方式全方位开展心理危机排查，重点了解心理状态、亲子冲突等情况。各地根据附件1要求于2022年2月20日前上报省中小学心理健康教育指导中心办公室。

2022年4月10日前完成年度心理高危学生的筛查工作，并制定相应的干预方案，同时及时上报省中小学心理危机识别和干预动态管理平台，实施动态跟踪。省中小学心理健康教育指导中心办公室定期通报心理危机动态管理平台心理危机学生的上报率、回访率和干预率。心理危机排查过程要注意全程保密，

维护学生权益,做到心理危机排查数据"谁经手,谁使用,谁负责"。

(二)以"双减"为抓手,科学检查作业。各地各校要注意引导家长理性科学检查寒假作业与管控手机,避免简单粗暴的教养行为。各校要及时了解学生寒假作业完成情况,不得要求学生凭寒假作业报到,允许学生开学后在教师、同学的帮助下逐步完成寒假作业。

(三)组织开展专题活动,顺利度过高危时段。针对开学适应、亲子冲突、考试压力等问题,各地要及时开展心理健康主题活动,各心理健康教育教研部门针对突出问题,及时开展集体教研,提升心理主题活动的适切性和有效性,同时开展循证研究,确保专题活动落地见效。

(四)全面开通并宣传心理热线,确保心声有人听。各地持续加大重点时段心理危机防范工作指导,要求各校公布心理辅导室开放时间、心理信箱,公开各地心理求助热线(见附件2),加强宣传力度,以解决问题为重点,确保学生能及时方便求助,问题得到科学有效帮助。

(五)举办专题培训,不断提高专业能力。为提高心理危机识别精度和干预效度,各地要精心组织面向学校分管领导、学校心理健康专兼职教师的专题培训班,确保培训全覆盖和培训效果。省中小学心理健康教育指导中心办公室将于5月面向全省中小学心理健康教研员、专兼职教师开展两期心理危机识别和干预高端培训班,以切实提升心理危机识别精度和干预效度。

(六)明确责任主体,完善追责机制。心理危机动态识别和干预工作已纳入全省教育工作业绩考核,对于未及时完成心理危机动态识别和干预工作的教育行政部门,将在教育工作业绩考核中扣分。相关部门要落实心理危机动态筛查和干预工作的责任主体,将心理危机动态筛查与干预工作纳入考核指标,不断完善督导考核追责机制。

省中小学心理健康教育指导中心办公室将于3月组织专家组对重点区域

开展心理危机识别和干预督查,指导各地科学有效开展相关工作。有关事宜请与省中小学心理健康教育指导中心办公室联系,联系人:付春林,电话:0571-88830095,电子邮箱:347649590@qq.com。

附件:1. 开学前后(截至2月20日)学生心理健康工作开展情况统计表
   2. 全省各地心理危机干预热线电话

浙江省教育厅办公室
2022年2月14日

三、中小学心理危机医教结合制度

(一)浙江省中小学心理健康教育指导中心办公室关于启动中小学心理危机医教结合研究项目的通知

浙心指办〔2019〕31号

浙江省中小学心理健康教育指导中心办公室关于启动中小学心理危机医教结合研究项目的通知

各设区市及义乌市中小学心理健康教育指导中心办公室:

  为建立医教结合模式下的心理康复体系,整合医疗机构与学校的优质资源,积极开展对心理问题学生的综合干预,全面提升全省中小学心理危机识别精准度、干预有效性、转介顺畅度,切实促进学生的身心健康和全面发展,2019年10月10日,浙江省教育科学研究院、浙江省心理素质与心理健康工程办公室与浙江康复医疗中心联合在浙江康复医疗中心成立了浙江省学生心理诊疗与研究中心,正式启动中小学心理危机医教结合研究项目(以下简称研究项目),

现将有关事项通知如下：

一、研究项目内容与形式

（一）研究项目内容

中小学心理危机医教结合是指整合医疗机构与学校的力量，对学生进行综合多重干预，促进学生的身心健康和全面发展。我省提出的中小学心理危机医教结合，将从专业研究与政策实施两方面探索教育元素融入医学与医学元素融入教育的操作性途径，促使医院与学校资源的有效整合，医院心理治疗与学校心理辅导、教育教学互补，对学生的心理问题或疾病进行联合诊断与综合干预。

教育元素融入医学，如病房环境布置校园化和温馨化；打造自习和学习空间；借助互联网教育平台，在治疗期间接受学习；教师可及时向医护人员沟通学生的治疗情况；学校心理教师参与心理咨询与辅导等。

医学元素融入教育，如医护人员协助学校识别和诊断学生的心理疾病；教师的心理危机识别技能提升、心理康复期的心理咨询技能提升培训等；协助学校与家长进行沟通；医护人员及时向教师反馈学生的治疗情况及后续注意事项等。

（二）研究项目形式

项目开展形式包括政策试点和理论研究两方面，由教育和医院领域人员联合开展研究，包括制度构建、疾病原理、治疗方法、心理辅导、专业督导等，实现心理学与医学查房相结合、院内治疗与院外康复相结合、临床治疗与教育学习相结合、学生心理治疗与家长培训相结合等"四结合"。

二、研究项目推进途径

浙江省中小学心理危机医教结合研究项目将依托浙江省学生心理诊疗与研究中心及试点学校逐步推进，在研究过程中逐步完善机制，推进医教结合的深入开展。

为打通医院和学校通道，探索建立及时有效地为心理高危学生提供服务的工作机制,浙江省中小学心理健康教育指导中心决定在组建浙江省学生心理诊疗与研究中心的基础上,在浙江省杭州第二中学等30所学校开展中小学心理危机医教结合试点(试点学校名单见附件1)工作。试点学校具体工作如下:

(一)中小学心理危机医教结合试点学校工作职责

试点学校将通过医教结合,在医院和学校之间探索建立和完善"制度化、规范化、人性化"的规范服务和工作机制,为深化医教结合模式奠定扎实基础。

试点学校应将医教结合工作作为强化学校心理健康教育工作的重要环节,纳入学校工作的管理体系,建立由校长、相关部门负责人、心理健康专职教师、班主任、学科教师等参与的工作制度和工作网络,明确职责,强化考核。指定专人负责医教结合的具体实施和与医院的联络。支持相关人员参加各项培训,落实医教结合的各项措施。加强与医院机构的协调与沟通,合作做好学生心理危机识别、干预和转介等服务。学校认可浙江省学生心理诊疗与研究中心提供的休、复学证明。

浙江省学生心理诊疗与研究中心将为试点学校提供心理危机识别和诊断协助,并帮助学校与家长进行沟通协商,必要时,需为心理治疗的学生开通绿色通道,确保及时就医。休、复学证明由主治医师联合主任医师两级签名,对有疑问的学生,由至少两位主任医师联合评估并签字。

(二)试点学校工作推进表和任务单

1. 2019年11—12月:签署工作协议。

为推动工作开展,各试点学校应与浙江省学生心理诊疗与研究中心择期签署《学生心理健康服务医教结合工作协议书》,双方应协商一致。

2. 2020年1—2月:成立领导小组。

各试点学校需将医教结合工作列入学校心理危机干预制度,并进一步明确心理危机医教结合工作小组,明确相关人员工作职责。

3. 2020年3—12月:逐步完善工作内容。

各试点学校与浙江省学生心理诊疗与研究中心需就具体工作开展交换意见并达成共识。浙江省学生心理诊疗与研究中心应协助学校对有疑似心理疾病的学生进行联合评估并提供医疗建议,同时将为有需求的学生开辟入院绿色通道,确保相关学生在第一时间得到医治。有关合作内容需要进行多次研究探讨,形成工作机制。

在医教结合框架内,各种心理健康服务,如心理知识科普、心理危机识别与干预培训、案例督导、协助心理危机识别与评估,开辟入院绿色通道,配合康复治疗等将有机整合。

(三)试点学校工作注意事项

随着《中华人民共和国精神卫生法》的深入实施,试点学校必须依法开展心理咨询工作。浙江省学生心理诊疗与研究中心应与试点学校密切合作,共同探索如何在法律框架内为部分患有心理疾病的学生提供有效服务。通过与医疗机构的联动与合作,为中小学生赢得最佳治疗时机。

三、研究项目志愿者团队的招募

为推动浙江省中小学心理危机医教结合研究项目,探索完善医教结合模式,服务更多中小学生,决定启动研究项目志愿者团队的招募工作,具体事宜如下:

(一)志愿者的权利与义务

1. 志愿者获得进入医院的机会,并与专业心理医生结对。

2. 志愿者获得心理危机识别与干预等专题培训机会。

3. 志愿者可了解心理疾病就诊全流程并获得相关信息。

4. 志愿者可参加相关人员病情的研讨。

5. 志愿者需对相关人员的资料严格保密。

6. 志愿者为相关人员提供必要的团体或个体心理辅导。

7. 志愿者应为医护人员提供有关信息。

（二）招募对象

1. 自愿从事心理援助志愿服务活动，具有良好的心理素质和团队合作意识。

2. 心理学相关专业，本科或以上学历。

3. 具有国家二级心理咨询师证、浙江省学校心理健康教育 A 级资格证书或浙江省中小学心理专业督导师证书。

4. 在区（县）级及以上教育机构专职从事心理健康教育工作或研究工作，有丰富的心理辅导经验，并有五年以上工作经验。

5. 进入医疗机构，需遵从基本职业规范并签署相关保证书。

6. 原则上每月至少参与一次志愿服务。

7. 以上条件需同时满足。

（三）招募人数

优先向试点学校招募志愿者，鼓励其他学校的心理专职教师及心理咨询方面的研究生报名参加。全省志愿者招募人数初定 30—50 人。

（四）报名方式

符合条件的教师可填写附件 2 中的报名表并加盖单位公章，将报名表以纸质的形式于 12 月 10 日前邮寄至省心指办。

四、其他

其他未尽事宜，请与省心指办付春林联系，联系电话：0571-88830095，联系地址：杭州市西湖区学院路 35 号浙江教育综合大楼 503。

附件：1. 中小学心理危机医教结合试点学校名单

2. 浙江省中小学心理危机医教结合志愿者报名表

浙江省中小学心理健康教育指导中心办公室

2019 年 12 月 3 日

(二)浙江省中小学心理健康教育指导中心办公室关于进一步明确中小学心理健康服务体系医教结合试点学校职责暨启动志愿者培训的通知

浙心指办〔2020〕6号

浙江省中小学心理健康教育指导中心办公室关于进一步明确中小学心理健康服务体系医教结合试点学校职责暨启动志愿者培训的通知

各设区市及义乌市中小学心理健康教育指导中心办公室：

为更好地落实《关于启动中小学心理危机医教结合研究项目的通知》（浙心指办〔2019〕31号）精神，有力推进中小学心理健康服务体系医教结合试点，促进教育和医疗元素深度融合，经研究，决定就进一步明确中小学心理健康服务体系医教结合试点学校职责暨启动志愿者培训的有关事项通知如下：

一、医教结合试点学校享有的权利

试点学校可以获得浙江省学生心理诊疗与研究中心提供的如下服务：

（一）人才培训

由浙江省学生心理诊疗与研究中心组织专家为试点学校培养心理学人才队伍（心理志愿者），培养内容包括理论学习和门诊、病房的实践学习，切实提高心理教师心理危机识别和解决心理问题的能力。

（二）学校心理工作指导

根据学校具体情况，浙江省学生心理诊疗与研究中心可以指导学校开展科学有效的心理健康教育与心理危机筛查工作。

（三）定期在线心理讲座

浙江省学生心理诊疗与研究中心将组织全省巡讲,并向试点学校定期提供面向教师、学生和家长的在线心理专题讲座。

(四)学生诊疗绿色通道

浙江省学生心理诊疗与研究中心将向试点学校开通诊疗绿色通道,确保有需要的学生及时就医治疗。

学校可以根据需求,与浙江省学生心理诊疗与研究中心协商获得其他相应服务,如学生心理筛查、联合心理评估、紧急危机干预等。

二、医教结合试点学校需承担的职责

为构建医教结合工作长效机制,推进医教结合工作的深入开展,试点学校需承担如下职责:

(一)推荐心理志愿者

每所试点学校至少推荐一位心理志愿者,心理志愿者要按计划参与浙江省学生心理诊疗与研究中心的培训与心理咨询等服务。

(二)推荐学科志愿者

因学生康复治疗期间有学习需求,每所试点学校要推荐不少于三位学科志愿者。

(三)成立领导小组

试点学校应成立由校长、相关部门负责人、心理健康专兼职教师、班主任与学科教师等人员组成的医教结合工作领导小组,明确工作制度,建立工作网络。

(四)形成工作机制

试点学校应正式发文明确各人员工作职责,强化考核,形成工作制度,确保运行通畅,并形成学校心理危机工作"事事有人负责、有人管理、有人落实、有人监督"的良好氛围。

（五）适当提供经费

试点学校的心理志愿者要定期参加培训，理论学习一年不少于两次，实践学习一年不少于12天，学校应予以支持并承担相关差旅费用。

三、启动心理志愿者培训

（一）培训对象

重点面向试点学校的心理志愿者。培训对象须是经自主报名、获资格审核通过的心理志愿者。

（二）培训时间

暂定5月底（具体时间另行通知）。

（三）培训人数

30人左右。

（四）培训课程

课程包括理论和实践操练（包括个案访谈策略——面谈结构和评估、如何做个案——个案概念化、稳定化技术的应用等）。志愿者的实际工作内容侧重心理咨询，必须真正做到理论与实际相结合。课程将从心理咨询常用的技术入手，对真实案例进行督导，提升咨询技能，搭配深入的危机干预课程，让志愿者最大限度地发挥能效。具体培训内容另行通知。

（五）培训地点

浙江省康复医疗中心（杭州市滨江区滨盛路2828号）。

（六）考核方式

是否能胜任心理志愿者工作，需要考核认证。以面试的形式，三个专家为一个考核小组，每位考生抽取一个案例作答。

（七）培训费用

参选心理志愿者免费参加，差旅费回原单位报销。

四、其他说明

《关于启动中小学心理危机医教结合研究项目的通知》(浙心指办〔2019〕31号)自发布以来,得到各地的积极响应。该通知还公布了首批试点学校名单(见附件1),各地部分试点学校陆续向省心指办推荐了一些心理志愿者,并要求参加志愿服务活动。为确保我省中小学心理健康服务体系医教结合试点工作深入、持续、有效地推进,不断营造良好的工作氛围,提高工作与研究实效,请各市心指办与首批公布的试点学校联系,明确试点学校的权利与职责,并重新确认试点学校名单(见附件2),补报志愿者(见附件3),于4月28日前上报省心指办。

其他未尽事宜,请联系省心指办付春林老师,电话:0571-88830095。

附件:1. 首批中小学心理危机医教结合试点学校名单
   2. 首批医教结合试点学校确认单
   3. 中小学心理危机医教结合志愿者报名表

浙江省中小学心理健康教育指导中心办公室
2020年4月16日

第二节　中小学心理危机工作的总体构想、架构与流程

一、中小学心理危机工作的总体构想

各中小学应根据省教育厅相关文件要求,在学校安全工作小组或心理健康教育领导小组下成立校心理危机工作小组,成员包括学校分管领导、相关职能部门负责人、心理专(兼)职教师、年级组长及相关班主任等,负责开展学校心理危机的筛查与干预工作。中小学心理危机筛查与干预工作主要包括三大流程:一是筛查,二是评估,三是干预。(详见中小学心理危机筛查与干预工作流程总图和详图)

首先是建立动静结合的筛查制度。静态筛查指的是新生心理普查,动态筛查指的是班主任、心理委员、学科教师、寝室长等渠道的动态信息上报。全面的心理危机筛查需综合动静态筛查信息,在此基础上,校心理危机评估小组应借助访谈和测评工具进行危机等级评估,确定危机等级类型,并分类制定干预方案;需要转介的,学校应协同班主任与家长建立沟通机制,直至顺利转介;不需要转介的,学校应制定班主任、学科教师、心理委员、家长等多方联动的干预方案;转介复学的,学校应与家长签订安全协议,并制定相关人员参与的干预方案,确保学生在校期间的身心安全。对于校园内突发的心理危机事件,学校可按中小学常见突发危机事件干预流程图进行处置。

二、中小学心理危机工作的组织架构

中小学心理危机筛查是进行心理健康水平的评估,绝不是进行精神障碍的诊断。学校要建立专门的心理危机筛查与干预工作小组,在学校分管领导带领下,由学校心理教师具体负责,班主任积极参与,要根据工作需要聘请校外心理测评专业人员,共同商讨并确定施测流程、测评结果使用等。

(一)成立心理危机工作小组

各中小学应根据省教育厅相关文件要求开展心理危机筛查与干预工作,首先需建立相关制度,在学校心理健康教育领导小组下成立校心理危机工作小组,校长任组长,分管副校长任副组长,成员包括德育等各级中层、心理专(兼)职教师、年级组长及相关班主任等。

(二)工作职责

中小学心理危机工作小组的工作职责主要是计划、实施和督查。负责开展学校心理危机的筛查与干预等工作,明确专人、明确流程、明确工具、明确时间等,重在预防与预警。

1. 计划。制订年度心理危机工作计划,并根据实际情况不断调整完善。

2. 实施。各小组成员根据工作计划和具体职责开展心理危机相关工作。

3. 督查。根据年度心理危机工作计划,结合工作开展实际,检查各心理危机工作小组工作落实情况与效果。

三、中小学心理危机工作的操作流程

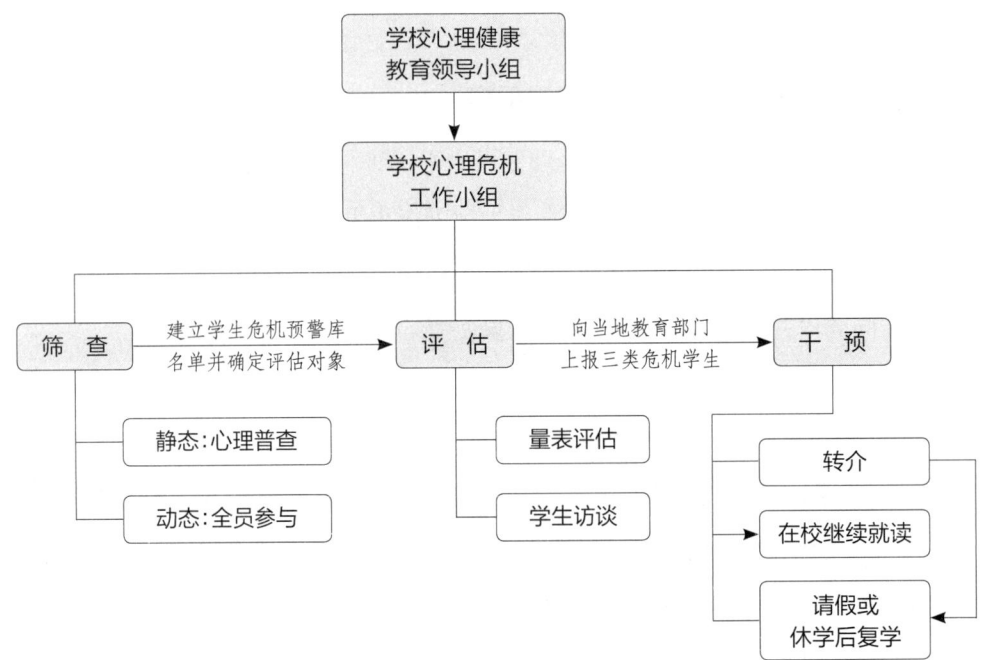

图 1-1　中小学心理危机筛查与干预工作流程总图

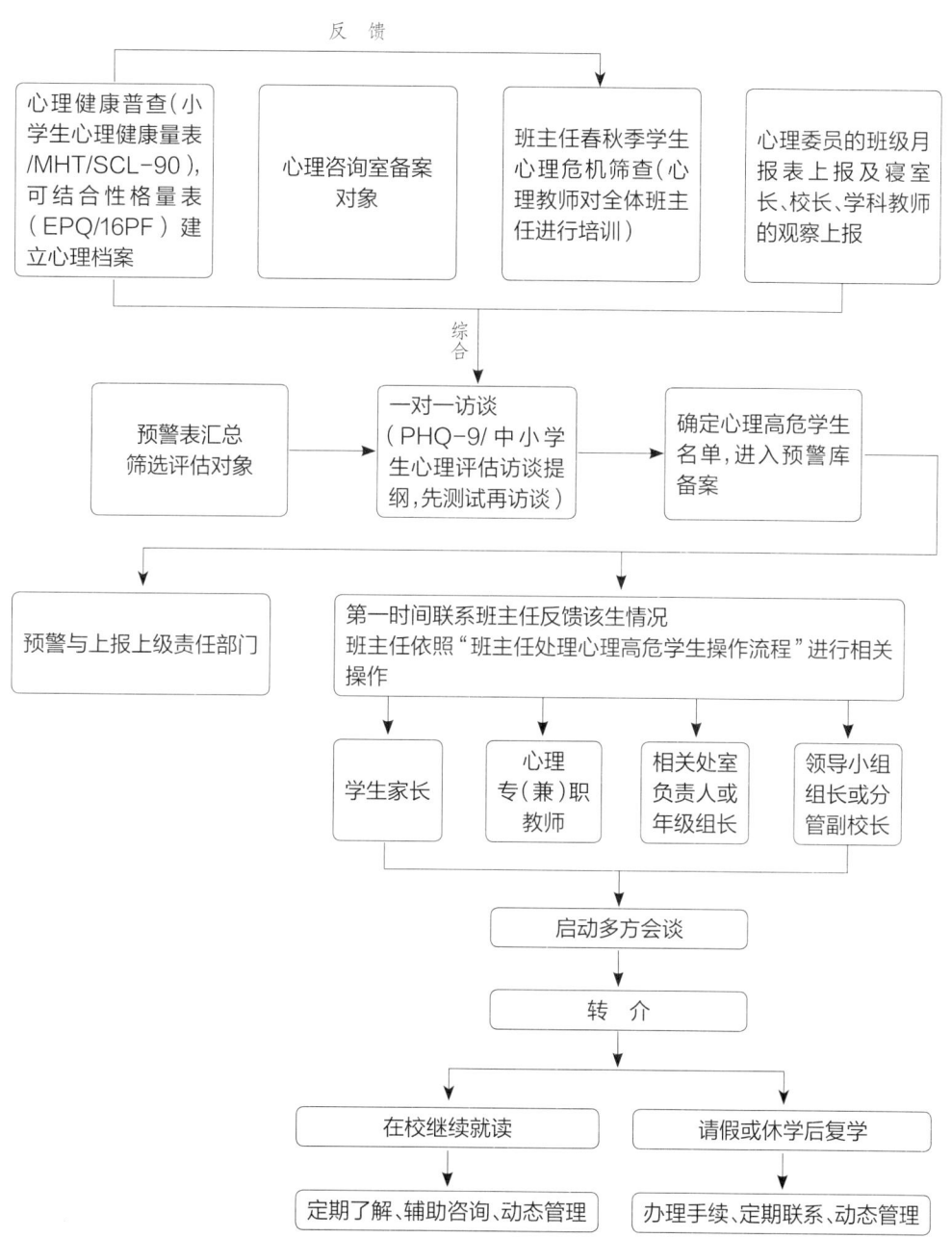

图 1-2 中小学心理危机筛查与干预工作流程详图

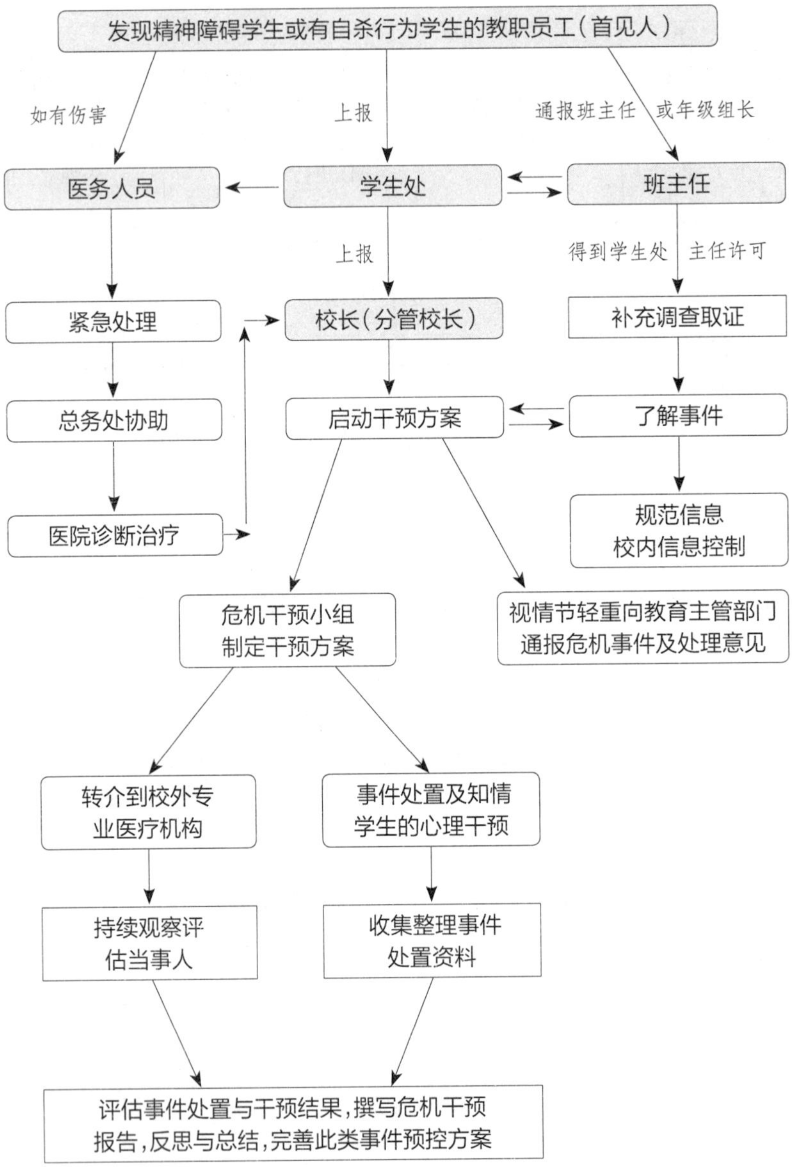

图 1-3　中小学常见突发危机事件干预流程图

第二章

中小学心理危机筛查流程及工具

第一节　中小学心理危机筛查流程的建立

一、筛查工作人员

在中小学心理危机筛查工作环节中,学校心理危机筛查工作的主要负责人为学校的心理专(兼)职教师,班主任、心理委员、学校医务人员等在心理危机筛查过程中应积极参与,特别是班主任应在心理危机筛查工作中发挥不可或缺的重要作用。

二、筛查途径

中小学心理危机筛查工作的途径应是静态普查与动态观察两种方式的结合,需建立一套动静态结合、全过程、全方位的筛查制度。其主要方法是在对学生进行心理普查(静态普查)的基础上,结合学生个别心理咨询及班主任、心理委员和学校医务人员平时观察情况等(动态观察)进行综合评估筛查。小学一年级到三年级学生的筛查工作以班主任日常观察记录的方式为主;小学四年级到六年级学生的筛查工作除班主任日常观察外,可选择适当的心理量表进行测验,检测结果可作为筛查的参考;中学阶段的筛查工作建议采用多种途径相结合的方式开展。

三、筛查流程

（一）心理普查

心理普查是心理危机筛查的重要途径。心理普查能及时发现心理异常学生，提供心理危机筛查的基础性信息。各地中小学应在每年9月份进行起始年级（小学从四年级开始）新生心理普查工作并建立学生心理档案。此工作应指定专人负责，一般主要由各校心理专（兼）职教师负责，可选择在心理课、班会课等合适时间统一安排班级学生到学校机房使用心理测评软件施测。新生心理普查的主要目的是初步了解学生的心理健康水平，可选择小学生心理健康量表、中学生心理健康综合测量或90项症状清单等量表。另外，艾森克个性测验和卡特尔16项人格因素问卷等人格测验可作为了解新生性格心理特点的一个有力补充。

为全面了解新生相关信息，各校心理专（兼）职教师应注意指导新生在测评时填写学生心理档案（详见附录2-1），统一上交给学校心理辅导中心进行存档。

在完成心理普查后，各校心理专（兼）职教师应适时召开心理普查反馈专题研讨会或以书信告知（详见附录2-2）等形式将心理普查结果及时反馈给班主任。

如果条件允许，各校可选择在重点预警时段（如重大考试前后或春季3月份等）对全校学生再次实施心理普查，形成过程性普查数据。

（二）班主任观察报告

班主任在心理危机筛查过程中具有不可或缺的重要作用，是心理危机动态信息的主要来源者。班主任应结合学生平时表现、心理普查结果，把需要重点关注的学生的基本情况填入学生心理危机预警登记表（详见附录2-3），并及时上报到学校心理辅导中心等相关部门，以便存档与下一步筛查评估。已实现办公信息化的学校，可在**钉钉办公系统**中设置学生心理危机预警机制的工作模块，实现学生心理状态的动态追踪管理。其具体安装、设置、下载与上报流程请参考附录2-4。

（三）其他方式

学校心理专（兼）职教师在个别辅导过程中应关注心理异常学生，及时加以疏导和干预，并做好辅导记录。

学生心理委员平时应关注本班同学的心理状态，如发现异常现象，需填写班级学生心理状态月报表（详见附录2-5），马上报告班主任和心理教师。

此外，学科教师和医务人员应参与到对学生心理危机的关注、识别与上报的过程中，发现心理异常学生应及时报告学校心理辅导中心。

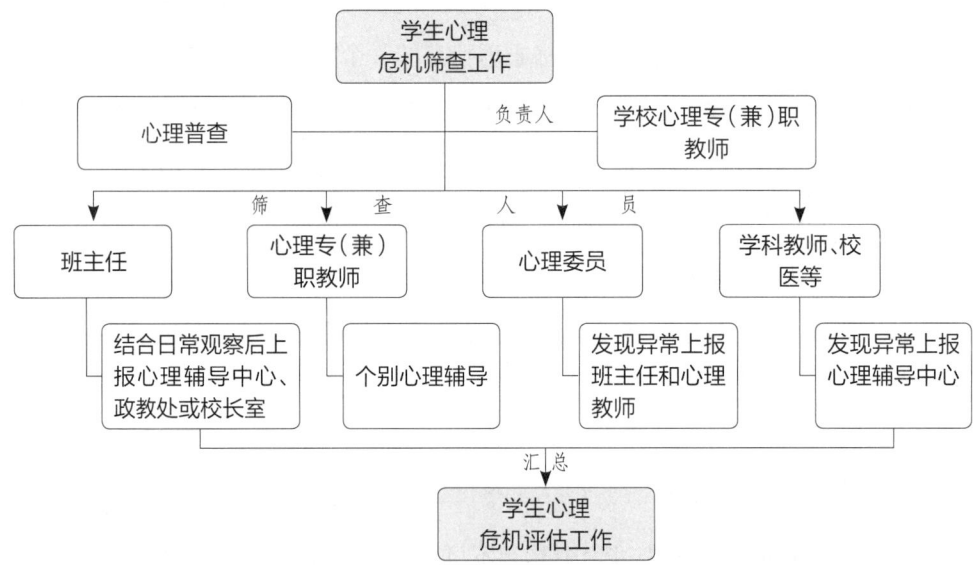

图2-1　学生心理危机筛查工作环节流程图

第二节　中小学心理危机筛查工具介绍

一、心理健康量表

心理健康指个体的心理活动处于正常状态,即认知正常、情感协调、意志健全、个性完整和适应良好,能够充分发挥自身的最大潜能,以适应生活、学习、工作和社会环境的发展与变化的需要。中小学生正处在身心迅速发展的时期,他们所面临的内外压力普遍增多。心理健康测验能帮助教师、家长和学生本人了解存在的问题,然后有的放矢地从认知、情感和行为等层面进行辅导,以改善、维护和提高其心理健康水平。各中小学可根据学生年龄阶段,在学校心理检测系统中选择合适的心理量表开展心理普查。

(一)小学生心理健康评定量表(MHRSP)

使用对象:教师(用于对学生问题的观察评定)

量表介绍:小学生心理健康评定量表来源于陈永胜编写的《小学生心理诊断》,由心理学工作者和小学教师协同研发。该量表综合评定小学生心理健康,探讨小学生学习适应性、情绪稳定性、社会适应性及行为习惯等方面,对筛选、诊断小学生的心理健康问题有一定的成效。量表由8部分组成,共80个题目,每10个项目组成一个分量表,它们分别用英文字母A、B、C、D、E、F、G、H表示。其中A为学习障碍,B为情绪障碍,C为性格缺陷,D为社会适应障碍,E为品德缺陷,F为不良习惯,G为行为障碍,H为特种障碍。在运用该量表对小学生进行心理健康测试时,需要结合其他智力测验共同进行。

结果解释:采用3点计分模式,即选择"没有"计0分,选择"偶尔"计1分,选择"经常"计2分。将各个分量表项目的分数分别累加,即可得到量表的合计分数。若一个量表的合计分数达到10分或10分以上,一般可以认为存在该方面的心理问题。

(二)小学生心理适应量表

使用对象:三年级以上的小学生

量表介绍:该量表由北京师范大学郑日昌教授等人于2008年编制而成,从积极心理学的角度,测评了小学生是否能在环境互动中不断地调整身心状态,以达到平衡。量表共47个项目,分为学习适应、学校人际、亲子关系、自我概念和生活适应5个因子。量表采用Likert 5点计分,"1"表示完全不符合,"2"表示多数不符合,"3"表示一般/不确定,"4"表示多数符合,"5"表示完全符合。

结果解释:得分在3分以下的学生可能会对周围环境产生烦恼,需要引起教师的关注。量表分数越高,说明学生的心理健康水平越高。

(三)中学生心理健康综合测量(MHT)

使用对象:初高中阶段的学生

量表介绍:该量表由华东师范大学心理学系教授周步成和其他心理学科研究人员,根据日本铃木清等人编制的"不安倾向诊断测验"修订而成。量表按焦虑情绪所指向的对象和由焦虑情绪而产生的行为两方面进行测定,由8个内容量表构成,包括学习焦虑、对人焦虑、孤独倾向、自责倾向、过敏倾向、身体症状、恐怖倾向、冲动倾向等内容。本测验共100个测验题目,每个题目有"是""否"两个选项。

结果解释:该量表的每个内容量表标准得分在8分以上或总分超过65分,则表明被试可能存在某些心理困扰,需要制订相应的指导计划。效度量表得分在7分以上者,表示结果不可信,可考虑将该份答卷作废,并在适当时候重新进行测验。

（四）中学生心理健康量表（MSSMHS）

使用对象：初高中阶段的学生

量表介绍：中学生心理健康量表由我国著名心理学家王极盛教授通过大样本施测（2万个被试）编制而成，可以用来评估中学生的心理健康状况。该量表共有60个项目，由10个分量表构成，包括强迫、偏执、敌对、人际紧张与敏感、抑郁、焦虑、学习压力、适应不良、情绪不平衡、心理不平衡等。

结果解释：该量表使用总分和因子的均分评定中学生心理健康状况：2—2.99分，表示存在轻度的心理健康问题；3—3.99分，表示存在中等程度的心理健康问题；4—4.99分，表示存在较严重的心理健康问题；5分，表示存在非常严重的心理健康问题。

（五）90项症状清单（SCL-90）

使用对象：高中阶段的学生

量表介绍：该量表又名症状自评量表，于1975年编制，其作者是德若伽提斯（L. R. Derogatis）。该量表是世界上著名的心理健康测试量表之一，也是当前使用最为广泛的精神障碍和心理疾病门诊检查量表。该测验适用于16周岁以上的成人，评定被试在一周内的心理症状。内容包含较广泛的精神病症状学内容，从感觉、情感、思维、意识、行为直至生活习惯、人际关系、饮食睡眠等均有涉及，并采用躯体化、强迫症状、人际关系敏感、抑郁、焦虑、敌对、恐怖、偏执、精神病性、其他等10个因子分别反映10个方面的心理症状情况。该量表共有90个项目，每一个项目均采用5级评分制。

结果解释：按中国常模结果，量表总分超过160分，或阳性项目超过43项，或任一因子分超过2分，可以考虑筛选阳性，需进一步评估。

二、人格测验问卷

人格是稳定的、习惯化的思维方式和行为风格,它贯穿于人的整个心理,是人的独特性的整体写照。中学生人格测验建议使用卡特尔16项人格因素问卷、艾森克个性测验等。

(一)卡特尔16项人格因素问卷(16PF)

该测验适用于初中文化水平及以上的人群,从16个相对独立的性格维度对个人进行评价,能够较全面地反映个人的性格特点。

结果分析:该问卷使用1—10的标准分,其中1—3分为低分,4—7分为平均分,8—10分为高分。如果在某个维度上的得分为低分,可以解释为低分特征;如果分数趋中,则可以解释为平均特征;如果得分为高分,则在这个测验维度上解释为高分特征。分数越低越偏向于低分特征,反过来分数越高越偏向于高分特征。极端低高分数者,需要被关注,可为进一步评估提供参考。

16项人格因素示意图*

人格因素	低分者特征	标准10分 1 2 3 4 5 6 7 8 9 10	高分者特征
A 乐群性	缄默孤独		乐群外向
B 聪慧性	迟钝、学识浅薄		聪慧、富有才识
C 稳定性	情绪激动		情绪稳定
E 恃强性	谦逊顺从		好强固执

---

* 参见中国就业培训技术指导中心,中国心理卫生协会.心理咨询师(三级)[M].民族出版社,2005:182.有删改.

续表

人格因素	低分者特征	标准10分 1 2 3 4 5 6 7 8 9 10	高分者特征
F 兴奋性	严肃谨慎		轻松兴奋
G 有恒性	权宜敷衍		有恒负责
H 敢为性	畏怯退缩		冒险敢为
I 敏感性	理智、着重实际		敏感、感情用事
L 怀疑性	信赖随和		怀疑、刚愎自用
M 幻想性	现实、合乎成规		幻想、狂放不羁
N 世故性	坦白、直率、天真		精明能干、世故
O 忧虑性	安详沉着、有自信心		忧虑抑郁、烦恼多端
Q1 实验性	保守、服从传统		自由、批评激进
Q2 独立性	依赖、随群附众		自立、当机立断
Q3 自律性	矛盾冲突、不明大体		知己知彼、自律严明
Q4 紧张性	心平气和		紧张困扰

（二）艾森克个性测验（EPQ）

EPQ问卷分为成人版和儿童版，分别适用于16岁以上成人和7—15岁儿童；施测时间10—15分钟；分E、N、P、L四个量表，各量表的具体结果含义如下。

1. 典型的外向（E分特高，分数高于15）：善于交际，寻求刺激，好出风头，做事急于求成，一般来说属于冲动型，不能时时很好地控制自己的情感。

2. 典型的内向（E分特低，分数低于8）：表现安静，善于自我省察，做事瞻前顾后；善于控制情感，很少有攻击行为，但一旦被激怒很难平复。

3. 典型情绪不稳（N分特高，分数高于14）：焦虑，紧张，易怒，往往会有抑郁，睡眠不好，患有各种心身障碍。情绪反应都过于强烈，情绪激发后又很难平复下来。

4. 情绪稳定（N分很低,分数低于9）：表示倾向于情绪反应缓慢、轻微,即使激起了情绪也很快平复下来,通常是平静、稳重、性情温和,即使生点气也是有节制的,且不紧张焦虑。

5. P量表分（分数高于8）：表示可能是孤独、不关心他人,难以适应外部环境,不近人情,与别人不友好,喜欢寻衅搅扰,喜欢干奇特的事情,并且不顾危险。

6. L量表分（分数高于18）：显示被试有掩饰倾向,测验结果可能失真。

（三）陈会昌气质量表

该量表由山西省教科院陈会昌等编制,共60题,每种气质类型15题。该量表自陈形式,计分采取数字等级制,即非常符合计+2,比较符合计+1,拿不准的计0,比较不符合计−1,完全不符合计−2。最后把各个气质量表得分相加,即可测量出四种气质类型：胆汁质、多血质、黏液质和抑郁质。评分标准是：如果某种气质得分明显高于其他三种（均高出4分以上）,则可定为该种气质；如果两种气质得分接近（差异低于3分）而又明显高于其他两种（高出4分以上）,则可定为这两种气质的混合型；如果三种气质得分接近且均高于第四种,则为这三种气质的混合型。

附录 2-1：学生心理档案模板

学生心理档案

个人情况							
姓名		班级		性别		出生年月	
民族		籍贯		学习情况			
家庭住址							
兴趣特长							
健康状况	□很好；□良好；□普通；□较差；□很差。若差请具体描述：						
过往病史	□无；□脑炎；□癫痫；□心脏病；□哮喘；□过敏症；□肺结核；□小儿麻痹； □其他：_____						

家庭情况								
家庭成员	称谓	姓名	年龄	职业	个性特点	你对他/她的喜爱程度		
						喜爱	较喜爱	无所谓	不喜爱
	父亲							
	母亲							
父母关系	□1.和睦； □2.不和； □3.分居； □4.离异。							
家庭气氛	□1.和谐； □2.普通； □3.欠和谐； □4.沉闷； □5.其他：_____							

学习经历							
起止时间	在何校学习	担任职务	对当时所处集体的喜爱程度				
			喜欢	较喜欢	一般	不太喜欢	不喜欢

重大生活事件		
序号	时间	事件经过
1		
2		
3		

附录2-2:心理普查结果反馈书模板

心理普查结果反馈书

_____班班主任:

我校心理辅导站于____年___月___日—___月___日对我校___级学生开展了新生心理健康普查工作,现就普查情况汇报如下。

【测验介绍】

1. 中学生心理健康综合测量(MHT)

该量表包含学习焦虑、对人焦虑、孤独倾向、自责倾向、过敏倾向、身体症状、恐怖倾向、冲动倾向8个方面,100个测验题目。该量表可以帮助学生更深入地了解自己,帮助自己保持良好心态。该量表分如果超过65分,则表明被试可能存在一定的心理困扰,需要身边人给予更多的理解与支持。

2. 90项症状自评量表(SCL-90)

该测验的目的是从感觉、情感、思维、意识、行为直到生活习惯、人际关系、饮食睡眠等多种角度,评定一个人是否有某种心理症状及其严重程度如何。如果总分超过160分则表明该被试可能存在一定的心理障碍。该量表仅仅根据最近一周的感觉,其结果只表明短期内的心理健康状态,如果能给予重视和正向关注,则相对容易进行调整。

【测验结果】

你班共有_____名学生参加测试,有效测试为_____份。

学生心理预警预备名单						
序号	学号	姓名	性别	MHT 总分 ≥ 65	SCL-90 总分 ≥ 160	SCL-90 因子分 ≥ 2
例：	180325	林某	男	68	182	焦虑 2.29；抑郁 2.38
1						
2						
3						
4						
5						
…						

【处理建议】

1. 请班主任对这些心理预警预备名单中的学生多加积极关注和肯定鼓励。

2. 结合学生平时表现，将需要重点关注对象的基本情况填入学生心理危机预警登记表中，并及时上报给学校心理辅导中心。

3. 个别学生如有需要，可推荐其做心理辅导。

4. 本次测验结果仅供参考，不能作为心理问题诊断的依据，请班主任注意对学生保密。

附录2-3:学生心理危机预警登记表模板

学生心理危机预警登记表

基本信息	姓　名		性　别		出生年月	
	班　级		班主任		家长姓名与电话	父： 母：
家庭住址						
学习情况	特优（　）优秀（　）良好（　）合格（　）待合格（　）					
身体状况	健康（　）疾病＿＿＿＿＿＿＿＿＿＿＿＿＿＿＿＿＿＿＿					
主要表现	该生是否存在下列症状，请在该选项括号中打上√。					

（一）严重心理危机：需平时重点关注与筛查

（　）1. 经常无故请假（如一个月内累计请假超过一周以上又无可信的请假缘由）；

（　）2. 原生家庭解体（父母分居、离异或去世等），以及与重要他人分离；

（　）3. 情绪容易暴躁、发怒、易激惹；

（　）4. 情绪长期低落压抑（超过半个月以上），有强烈焦虑、恐慌、紧张，或罪恶感和自责情绪明显；

（　）5. 曾经有过较严重的打架斗殴、伤害他人的行为；

（　）6. 性格极度内向，孤僻缺少朋友，同伴关系淡漠，或人际冲突明显；

（　）7. 亲子关系恶劣或冷漠，经常发生亲子冲突，社会支持系统长期缺乏或丧失；

（　）8. 经常会出现无缘由的、较严重的睡眠问题，包括失眠、早醒或入睡困难等（每周2次以上）；

（　）9. 幼年经历过较为严重的创伤（如受家暴、性侵）或有长期寄养经历；

（　）10. 近期存在诸如家庭变故、学业受挫、人际冲突、躯体疾病等重大应激事件；

（　）11. 其他：＿＿＿＿＿＿＿＿＿＿＿＿＿＿＿＿＿＿＿＿＿＿＿＿＿＿＿＿＿＿＿＿＿

【处理建议】学校给予重点关注，应马上报校学生政教处进行备案，并及时联系其家长到校，告知其学生的心理状态及风险，必要时建议接受专业机构诊断和治疗。学校、年级、班级三级跟踪关注并提供心理支持。班主任应做好此类学生的跟踪辅导工作，心理教师应与学生保持密切联系，提供相关的辅导帮助。

（二）重大心理危机：需紧急心理危机评估与干预

（　）1. 情绪突然明显异常者，如特别烦躁、焦虑，无法控制冲动，情绪异常低落或突然从低落变为平静；

（　）2. 曾经有过自残行为、自杀企图甚至自杀行为；

续表

	（　）3. 近来，突然对宗教、哲学、死亡话题产生浓厚兴趣； （　）4. 突然避开同学、老师或亲人；拒绝和人沟通，做出抽烟、酗酒等反常的事； （　）5. 不明原因突然向同学、朋友或家人赠送礼物、请客、赔礼道歉、述说告别的话语等，行为明显改变； （　）6. 正在接受心理治疗的学生（如患有抑郁症、恐怖症、强迫症、焦虑症等）或患有精神分裂症并已确诊的学生； （　）7. 其他：_____ 【处理建议】如果该生出现此类情况之一，需马上约谈学生并上报学校政教处和上级有关部门。学校应安全转移，确保该生人身安全并立即采取措施，通知家长将该生送至专业精神卫生机构治疗。
干预措施	根据观察调查，视情况对其心理危机是否做过以下干预，可多选。

1. 是否已经密切观察该生的异常情况：　是（　）　否（　）

2. 是否已建议家长带孩子定期做进一步的医学心理治疗：　是（　）　否（　）

3. 班级措施：

（1）已制定班级干预方案（班主任工作手册）；（　）

（2）已联系并约谈家长；（　）

（3）经常与该生交流；（　）

（4）班干部和同伴密切支持帮助；（　）

（5）已告知任课老师该生情况。（　）

4. 其他措施：_____

补充说明：可附上图片、文字记录等证明材料。

附录 2-4：钉钉上报学生心理危机预警系统

【优点】

教师可使用手机或电脑版钉钉向学校有关部门上报学生心理危机预警登记表，比较快速便利。教师还可实时更新重点关注对象的心理状态，实现动态跟踪学情；而且，钉钉上报系统可在教师、心理辅导中心、政教处、校长室等多个信息端实现多向信息反馈和流通。此外，学校心理教师还可以将所有上报的学生数据通过电脑版钉钉下载，再进行汇总，以便下一步筛查。

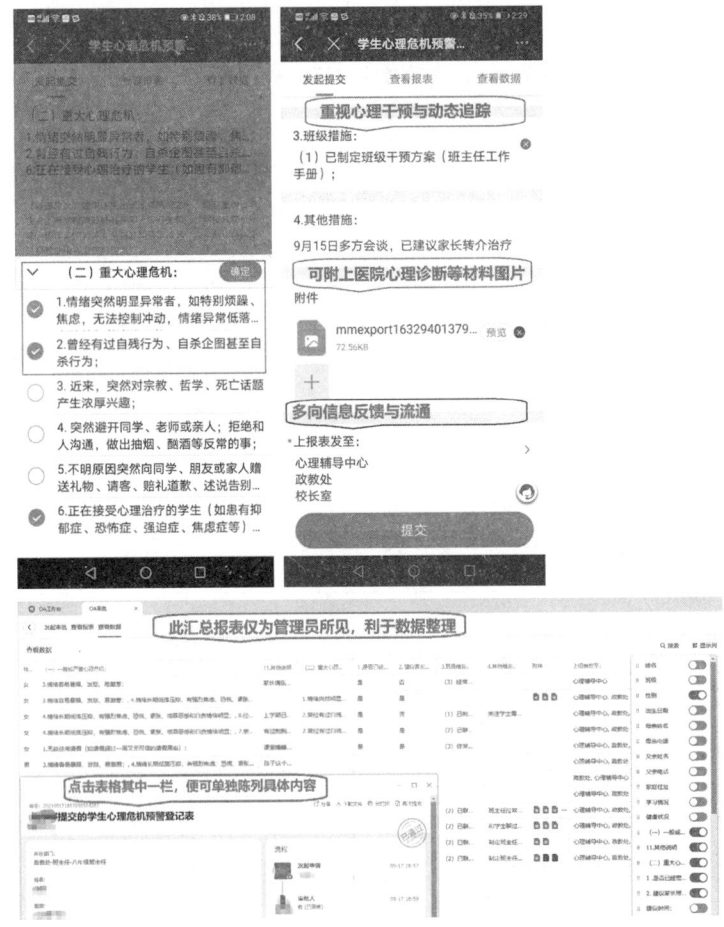

【安装路径】

钉钉的安装路径有两条，各有优劣。

路径1：钉钉OA平台 — 应用 — 简道云 — 学生心理危机预警登记表。其特点：可实现与学生的学籍信息的数据关联，即在登记表中第一行输入学号可直接跳出该生班级、姓名、家庭情况等学籍信息。但由于简道云是装载在钉钉上的第三合作方应用搭建工具，其数据安全性稍低。

路径2：钉钉OA平台 — 应用 — 审批 — 学生心理危机预警登记表。特点则与上一条相反，数据安全性稍高，但无法与学生的学籍信息数据联动。

【安装步骤】

步骤1：在钉钉OA平台上打开OA审批或智能填表应用中的电子表单设计。

安全复学

练习　　家校通知　班级打卡　班级管理　班级填表　学生健康上报　学生信息

常用应用

校园OA　考勤打卡　云盘　　OA审批　教师疫情期…　教师疫情期…　教师健康异…

教学

日志　　智能填表

步骤2：将学生心理危机预警登记表内容导入电子表单设计中。

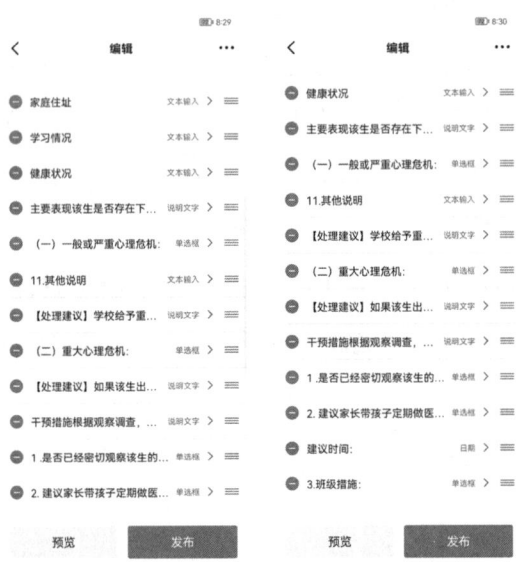

步骤3：最后进行流转环节的流程设定。

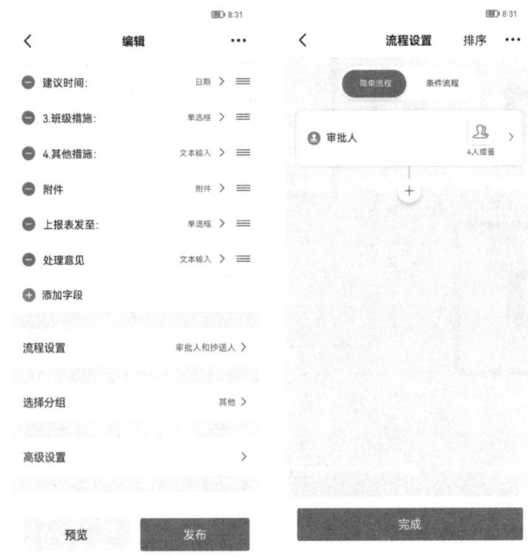

附录 2-5：班级学生心理状态月报表模板

班级学生心理状态月报表

汇报人		班　　级		第___次汇报
汇报日期	20__年__月__日	班级人数		

（以下 0 代表状态极差，10 代表状态非常良好，请根据班级情况，在相应的数字上打"√"。）										
总体心理状况	0	1	2	3	4	5	6	7	8	9	10
学习状态	0	1	2	3	4	5	6	7	8	9	10
人际状态	0	1	2	3	4	5	6	7	8	9	10
情绪状态	0	1	2	3	4	5	6	7	8	9	10
睡眠状态	0	1	2	3	4	5	6	7	8	9	10
重大事件及需要关注的普遍心理问题描述											
1. 需要重点关注的同学，包括姓名、性别、主要问题及需要的帮助等详细信息 2. 班主任是否知情或采取措施											
汇报人本月所做的心理服务及感想，遇到的困难及希望得到的帮助等											

注：1. 请心理委员详细认真地填写此表格；

2. 每月 28 日请将此表格统一交于心理辅导老师处。

第三章

中小学心理危机评估流程及工具

第一节 中小学心理危机评估流程

一、启动心理危机评估工作

在完成学生心理问题普查并综合动态观察信息后，各中小学校要通过对心理危机严重性评估，确定学生心理危机类别。三类危机可参考浙江省教育厅办公室文件浙教办教科〔2014〕66号文件标准。

首先，学校要成立心理危机评估小组，在校心理危机工作小组指导下开展工作，评估成员由学校分管领导、相关职能部门负责人、心理专（兼）职教师、相关班主任四个部分组成，**也可根据需要邀请县（市、区）心理指导中心或省市有关专家参与评估**。评估工作每年3月和9月进行。

评估小组的职责是评估学生心理危机等级。学校分管领导负责召集小组成员，进行行政指导工作；相关职能部门负责人负责全面掌握学生情况，完成行政备案工作；班主任负责反馈学生日常观察等重要信息，做好学生观察记录，与心理专（兼）职教师进行信息整合；心理专（兼）职教师负责与学生进行危机面谈，对其进行进一步的测试与访谈工作，并做好危机等级评定和记录工作，最后得出评估报告。

二、筛选心理危机评估对象

进入评估阶段的学生包括以下三类：

1. 心理问卷筛查得分高的学生；

2. 心理问卷筛查得分较高且与班主任日常观察结果一致的学生；

3. 心理问卷筛查得分低但班主任、学科教师或心理委员觉得有心理危机的学生。

三、心理危机评估工具与方法

心理危机评估工具建议采用PHQ-9抑郁症筛查量表（见附录3-1）和中小学生心理评估访谈提纲记录表（见附录3-2）。如果在面谈过程中觉察到学生可能经历过重大心理创伤事件或正在经历危机事件，可以增加青少年生活事件量表评估，还应对有明显自杀倾向的学生实施进一步的自杀危机评估，以避免自杀危机的发生。在评估阶段，如果学生的心理危机程度严重超出学校心理工作者的专业水平，学校应借助校外专业机构协助评估。评估工具具体内容详见本章第二节《中小学心理危机评估工具介绍》。

评估方法：建议先采用问卷法，用PHQ-9抑郁症筛查量表对评估学生进行测试，筛选出一批高分者，然后再对高分者进行面谈评估。面谈评估中搜集更多学生信息、核实心理筛查和班主任观察中获取的信息，确定学生心理危机等级，并拟写评估报告。评估报告可参考本章附录3-3中小学生心理评估综合反馈表。

四、进入心理危机预警库备案

对经评估得出的一类、二类、三类危机学生分别进行不同的备案处理。一类危机学生不需要备案，但班主任需要掌握这些学生情况；二类危机学生需要在学校心理辅导中心备案；三类危机学生不仅要在学校心理辅导中心备案，还要进入学校危机预警库，向当地教育行政部门和心理健康教育指导中心备案。重大心理危机学生还应向省中小学心理健康教育指导中心备案。

三类危机预警库包括预警名单和危机档案。预警名单要根据时间、年级、班级进行保存,便于查找。危机档案需包含以下信息。

1. 心理评估结果:学校心理评估报告;

2. 心理疾病情况:医院心理疾病诊断书或相关材料;

3. 个性/人格特点:EPQ 或 16PF 等人格心理测试结果及日常观察中所得到的个性信息;

4. 家庭结构与关系:家庭结构包括良好、单亲、离异、重组、贫困、二胎及以上家庭等,家庭关系主要关注是否有严重亲子关系矛盾或冲突;

5. 创伤与危机:是否有过严重的创伤性事件或者是否正在经历危机事件;

6. 日常观察:有无明显的情绪及行为异常,若有,附上学生特殊情况上报表;

7. 动态管理记录:学校对危机学生进行在校监护、定期回访等并做好相关记录;

8. 其他材料:包括学生心理健康状况告知书、安全责任承诺书、医院诊断书、休学证明、复学面谈记录等。

五、心理危机预警与上报

三类危机学生要进行及时预警和上报。预警对象包括:校危机工作领导小组、校级领导、各处室负责人、年级组长和班主任。必要时还要对学科教师、寝室宿管人员等与危机学生密切交往的教职人员进行预警。

上报对象:县(市、区)心理健康教育指导中心负责人,省心理健康教育指导中心危机工作负责人。上报表格可参考浙江省教育厅办公室文件浙教办教科〔2015〕24 号文件,格式如下:

表 3-1　心理高危学生汇总表

（××市）

县（市、区）	心理高危学生人数		联系人及电话
	二类危机人数	三类危机人数	

表 3-2　心理高危学生名单

（××县）

序号	姓名	年级班级	学　校	危机类别	是否已制定干预方案	联系人及电话

表 3-3　心理高危学生干预方案

姓名		学校		班级	
学生主要心理症状					
心理评估结论					
干预方案	包括原因分析与具体的干预措施，可附页。				
主要责任人		电话		邮箱	

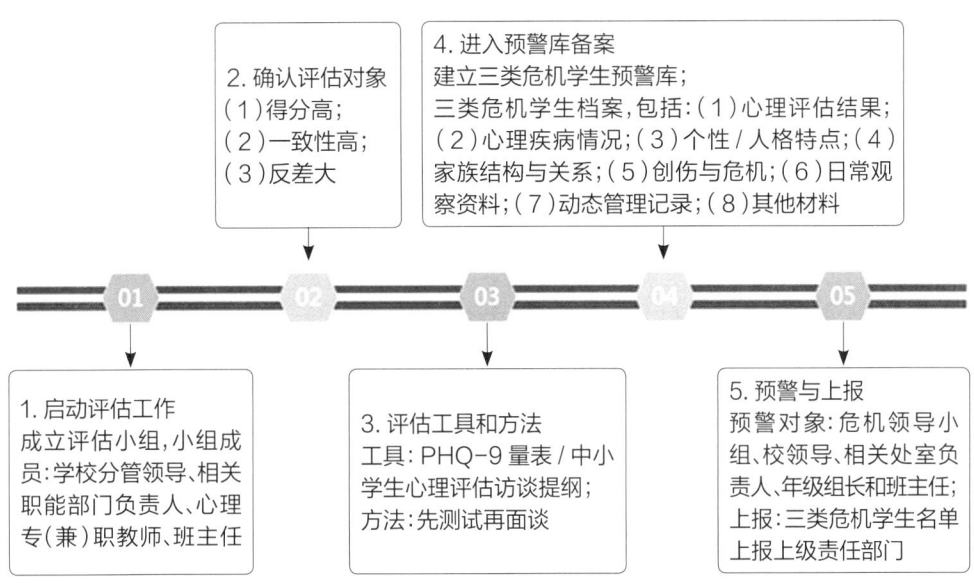

图 3-1　心理危机评估流程图

第二节　中小学心理危机评估工具介绍

一、PHQ-9 抑郁症筛查量表

PHQ-9 量表条目来源于 DSM-IV 抑郁症的诊断标准。量表含 9 个问题,内容简单、可操作性强。该量表可作为心理危机筛查工具,也可以评估学生的抑郁程度。施测时,教师可使用非专业性量表名称替换该量表名称,如学生心理状况调查表,强调调查仅仅是为了了解学生的心理状况,为教师进一步开展有效的帮助工作提供依据,以取得学生的积极配合,获得更真实的数据;要让学生认真阅读每一句话,仔细作答。

结果分析:

1.计算总分:选项"0、1、2、3"分别计 0、1、2、3 分。0—4 没有抑郁症(注意自我保重）；5—9可能有轻微抑郁症（建议咨询心理医生或心理医学工作者）；10—14可能有中度抑郁症（最好咨询心理医生或心理医学工作者）；15—19可能有中重度抑郁症（建议咨询心理医生或精神科医生）；20—27可能有重度抑郁症（一定要看心理医生或精神科医生）。总分>20，且项目9得分>1（即选择2、3），建议标注为三类危机学生，必须进入学校预警库。19>总分>15，且项目9得分>1（即选择2、3），建议结合后续访谈情况，考虑入预警库。

2. 核心项目分：项目1、项目4，代表着抑郁的核心症状；项目9，代表有自伤意念。项目1、4、9，任何一项得分>1（即选择2、3），需要及时关注，再结合后续评估访谈情况考虑入预警库。

二、中小学生心理评估访谈提纲记录表

本访谈提纲可帮助老师更准确、更有针对性地了解、评估及探索学生的心理危机状况。提纲记录表中左侧罗列的是访谈提纲内容，斜体文字为解释文字，可读可不读；学生的具体回答可在空白处详细记录；并根据前面访谈情况，在右侧判断栏中打分。该提纲是一个探索性工具，请根据学生的实际情况进行访谈。访谈人员可以是心理专（兼）职教师和班主任。访谈前，可表明意图，比如"此次邀请你来，是想关心你最近的心情，了解生活和学习上是否有些困难，我可以帮助你。接下来，我会向你了解几个问题，你只需要如实回答就好，回答过程中你有任何不舒服的情况出现，可以直接告诉我，我们可以暂停"。访谈中，尽量做到沟通自然，并运用真诚、接纳和共情的技术。

三、青少年生活事件量表（ASLEC）

本量表用于对我国较常见的生活事件(引起人们精神刺激的事件)进行定性定量，测查在某时间段内所受的精神负荷，以甄别高危人群，预防心理障碍和心身

疾病。本量表适用于青少年尤其是中学生和大学生生活事件发生频度和应激强度的评定。目前多应用于综合性医院各科门诊以确定心理因素对疾病发生的影响，也用于指导心理治疗、危机干预以及正常人了解自己的精神负荷。

统计指标包括事件发生的频度和应激量两部分，事件未发生按无影响计，累计各事件的评分为总应激量。"未发生"计0分；"发生过"事件的影响程度，分为5级评定，无影响（1），轻度影响（2），中度影响（3），重度影响（4），极重影响（5）。总分为各个项目的分值和。6个因子分，如人际关系因子包含1、2、4、15、25项；学习压力因子包含3、9、16、18、22项；受惩罚因子包含17、18、19、20、21、23、24项；丧失因子包含12、13、14项；健康适应因子包含5、8、11、27项；其他包含6、7、23、24项。

四、PIMPS自杀风险面谈评估提纲

PIMPS这5个字母分别代表5个因素，这5个因素可以帮助我们综合权衡被干预者当时的自杀风险大概有多大。

Plan（计划）：你有没有自杀或者自伤的计划？是否有计划具体的时间和地点？（当事人计划越详细，风险越高）

Intention（意图）：你是不是已经产生了自杀的意图？

Means（方式）：你有没有想到具体的自杀方法？（自杀的方法越详细具体，风险越高）

Prior attempts（过往尝试）：之前有没有去尝试过自杀，有过这样的念头，或者有过这样的一个实际的行为？（曾经有过自杀的行动，现在实施自杀的可能性相对更高）

Support system（支持系统）：有没有社会支持系统？你的社会支持系统如何？（社会支持越薄弱的当事人，风险越高）

附录 3-1：PHQ-9 抑郁症筛查量表 *

PHQ-9 抑郁症筛查量表

姓名：_____　　　　年龄：_____（周岁）

性别：□男生　□女生　　　日期：_____

请仔细阅读每一句话，在数字上打"√"。

在过去的两周里，你的生活中以下症状出现的频率有多少？

序号	题项	没有	好几天	一半以上时间	几乎每天
1	做事时提不起劲或没有兴趣	0	1	2	3
2	感到心情低落，沮丧或绝望	0	1	2	3
3	入睡困难、睡不安或睡得过多	0	1	2	3
4	感觉疲倦或没有活力	0	1	2	3
5	食欲不振或吃太多	0	1	2	3
6	觉得自己很糟或觉得自己很失败，或让自己、家人失望	0	1	2	3
7	对事物专注有困难，例如看报纸或看电视时	0	1	2	3
8	行动或说话速度缓慢到别人已经察觉，或刚好相反——变得比平日更烦躁或坐立不安，动来动去	0	1	2	3
9	有不如死掉或用某种方式伤害自己的念头	0	1	2	3

---

* 参见 Spitzer R. L., Kroenke K., Williams J. B. W., and the Patient Health Questionnaire Primary Care Study Group. Validation and Utility of a Self-report Version of PRIME-MD: The PHQ Primary Care Study [J]. JAMA, 1999, 282（18）：1737—1744. 此表经杭州市教科所翻译并改编。

附录 3-2：中小学生心理评估访谈提纲记录表 *

中小学生心理评估访谈提纲记录表

学校：_____　　姓名：_____　性别：_____　年级：_____

访谈日期：____年___月___日　　持续时间：_____

	第一部分：具体事件、实时心情	初步判断
a1	★你最近两周的心情怎么样？ （很快乐、开心，还是比较愉悦、平静，还是有点小烦恼，还是很烦恼、很痛苦，包括愤怒、绝望、抑郁等） 记录：	了解学生对当前状态的【认知和情感】
a2	★如果有烦恼，你最烦恼的事情是什么？ （学习：考试成绩不好，做作业，被老师批评，没有时间玩；生活：家里有矛盾，被父母批评，没有钱买喜欢的东西；人际：长得不漂亮，被人看不起，同伴有冲突；突发：被性骚扰等）★程度如何？（有点小烦恼，自己还能调整；快承受不了了，亟须他人帮助）★已经持续多久了？★是否已经严重影响了自己的学习、生活？ 记录：	他/她认为事情严重程度 ①不严重 ② ③有点严重 ④ ⑤很严重
		他/她的情感 ①没烦恼 ② ③有点烦恼 ④ ⑤烦恼、无法自拔
	第二部分：一般状态	初步判断
b1	★你觉得你的生活总体来说是怎样的，未来是否有希望？有些什么打算、图景？ 记录：	他/她【希望感】 ①充满希望 ②有希望 ③一般 ④没希望 ⑤令人绝望

* 此表由杭州市教科所编。

续表

b2	*最近一个月,你有疲劳感吗?有些什么表现? 记录:	他/她【疲劳感】 ①没有 ②有时有点 ③一般 ④一半以上 ⑤总是、非常
b3	*最近一个月,你的睡眠怎么样?(例如:很好、睡眠不足、入睡困难、醒得太早容易被惊醒、经常失眠、几天没有睡着了) 记录:	他/她【睡眠】 ①好 ② ③一般 ④ ⑤不好
b4	*最近一个月,你觉得学习、作业或者生活方面压力如何?(例如:很轻松、压力很大、承受不了了) 记录:	他/她【压力】 ①小、很轻松 ② ③一般 ④ ⑤大、受不了
第三部分:感知与应对方式		初步判断
c1	*人们往往会议论别人,也会被人议论,当你受到旁人(或者同学、朋友、老师、父母等)对你的评判时,心里会怎么想?是否会很不安?能否谈一谈你想到的这个事情及当时的感受? 记录:	他/她对事件的【敏感性】 ①不敏感 ② ③一般 ④ ⑤非常敏感
c2	*人总有不顺心的时候。当你不如意、郁闷的时候,你会做些什么? *曾经有过以下行为吗?[例如:曾经想要大哭、大声喊叫、砸东西、经常坐立不安、想报复(伤害别人)、离家出走,或者死了算了] 记录:	他/她【冲动性】的应对方式 ①不冲动 ② ③一般 ④ ⑤非常冲动

续表

c3	★在电视、网络上看到自杀事件时,你认为可能发生了什么事情? (例如:那个人可能是压力太大了,那个人可能想报复别人,那个人可能一时冲动,完全不能理解、不能接受) 记录:	他/她对于【自杀的态度】 ①排斥 ②有点排斥 ③矛盾 ④有点接受 ⑤接受
c4	★你曾经想到过自杀这件事吗? (①从来没有②偶尔会出现短暂的自杀想法③有时会出现较长时间的自杀想法④经常会出现持续的自杀想法⑤这个念头整天萦绕在脑中) 记录:	他/她是否有过【自杀意念】 ①从来没有 ② ③ ④ ⑤一直都有
c5	★你曾经想过结束自己生命的方法吗?(如有,请详细询问) (①没想过②想过怎样自杀比较好,但没制订出具体细节③已制订具体计划④我曾经尝试过自杀的行为) 记录:	他/她的【自杀计划与行为】程度 ①弱 ② ③ ④ ⑤强
	第四部分:支持系统	初步判断
d1	★你家里的氛围一般是怎么样的? 如不舒服,能否谈一谈具体情况? (①温暖②比较温暖③一般④不太舒服⑤很不舒服) 记录:	他/她的【家庭支持】是否充足 ①少 ② ③一般 ④ ⑤多

d2	*你有好朋友吗？这些朋友是否亲密、要好？ （①没有朋友②有朋友但是不太亲密③有几个亲密、要好的朋友） 记录：	他/她的【朋友支持】是否充足 ①少 ② ③一般 ④ ⑤多
d3	*遇到难以解决的困难时，你会主动寻求帮助吗？（没有人能够求助；身边总有人会主动过来帮助我）能否详细举例？ 记录：	有困难时，他/她主观【感受到的人际支持】 ①少 ② ③一般 ④ ⑤多

附录3-3：中小学生心理评估综合反馈表

中小学生心理评估综合反馈表

学生姓名		性 别		班 级	
父母婚姻	□在婚　□离异　□再婚	亲子关系		□亲近亲密　□冲突争吵　□冷漠疏远	
评估小组人员					
填表日期					

A. 心理测试结果

（记录该生的测试时间、第几次、测试方式、测试预警总分及各因子分情况）

续表

B. 班主任的观察与筛查记录
C.PHQ-9抑郁症筛查量表
（总分及项目1、项目4、项目9的得分情况）
D. 评估访谈结果描述
E. 医院就诊结果
（包括医生诊断结果、是否服药和接受心理治疗或咨询情况）
其他人员反馈信息
（包括同学、心理委员、室友、宿管、保卫、医务等人员的特殊描述）

预警等级	□二类　□三类	预警次数	第＿＿次

注：此表由心理专（兼）职教师负责填写，并与其他材料一起备案。

附录3-4:青少年生活事件量表(ASLEC)*

青少年生活事件量表(ASLEC)

姓名:_____ 性别:_____ 年龄:_____ 文化程度:_____

编号:_____

指导语:过去12个月内,你和你的家庭是否发生过下列事件?请仔细阅读下列每一个项目,如某事件发生过,请根据事件给你造成的苦恼程度在相对应方格内打个"√";如果某事件未发生,仅在事件未发生栏内打个"√"就可以了。

项 目	未发生	发生过				
		无影响	轻度影响	中度影响	重度影响	极重影响
1. 被人误会或错怪	0	1	2	3	4	5
2. 受人歧视冷遇	0	1	2	3	4	5
3. 考试失败或不理想	0	1	2	3	4	5
4. 与同学或好友发生纠纷	0	1	2	3	4	5
5. 生活习惯(饮食、休息等)明显恶化	0	1	2	3	4	5
6. 不喜欢上学	0	1	2	3	4	5
7. 恋爱不顺利或失恋	0	1	2	3	4	5
8. 长期远离家长不能团聚	0	1	2	3	4	5
9. 学习负担重	0	1	2	3	4	5
10. 与老师关系紧张	0	1	2	3	4	5
11. 本人患急重病	0	1	2	3	4	5
12. 亲友患急重病	0	1	2	3	4	5

* 刘贤臣,刘连启,杨杰,等. 青少年生活事件量表的编制与信度、效度检验[J]. 中国临床心理学杂志,1997(1):34—36.

续表

13. 亲友死亡	0	1	2	3	4	5
14. 被盗或丢失东西	0	1	2	3	4	5
15. 当众丢面子	0	1	2	3	4	5
16. 家庭经济困难	0	1	2	3	4	5
17. 家庭内部有矛盾	0	1	2	3	4	5
18. 预期的评选（如三好学生）落选	0	1	2	3	4	5
19. 受批评或处分	0	1	2	3	4	5
20. 转学或休学	0	1	2	3	4	5
21. 被罚款	0	1	2	3	4	5
22. 升学压力	0	1	2	3	4	5
23. 与人打架	0	1	2	3	4	5
24. 遭父母打骂	0	1	2	3	4	5
25. 家庭给你施加学习压力	0	1	2	3	4	5
26. 意外惊吓，事故	0	1	2	3	4	5
27. 如有其他事件请说明						

第四章

中小学心理危机干预流程及相关协议

第一节 中小学心理危机干预流程

一、一类危机学生干预流程

一类心理危机学生的干预流程包括：由心理教师协助班主任制定干预方案、班主任实施干预方案与辅导、班主任定期和心理教师交流干预效果、班主任修正干预实践中无效的部分，直到帮助一类危机学生从一般心理困惑中走出来为止。

学校要创造条件多开展班主任心理健康教育培训，如在班主任例会或班主任研讨活动中，对班主任进行心理健康知识、心理危机知识、心理辅导技能培训，教授班主任基本的倾听、共情、具体化、问题澄清、情感澄清等辅导技能和辨别危机学生的能力。

二、二类危机学生干预流程

二类心理危机学生的干预流程包括：由心理教师连同班主任、家长制定干预方案，报学校心理辅导中心备案。心理教师、班主任、家长分别根据干预方案执行自己职责范围内的工作。

心理教师的干预工作有：负责开展对二类危机学生的心理咨询与辅导，帮助学生尽快走出危机；负责对班主任进行危机干预的专业指导，使其能从学习、生活等各方面帮助和辅导学生；负责对家长进行亲子沟通和危机干预的专业指导，必要时指导家长带孩子看专业的心理医生或心理咨询师;定期进行心理教师、班主任和家长的信息互通与反馈,并做好危机干预记录。

班主任的干预工作有:建议学生来心理辅导中心进行心理咨询,关心学生目前遇到的困难和苦恼,在自己能力范围内辅导和帮助学生;开展日常观察以便随时发现学生的变化。班主任在建议学生去做心理咨询时,需要在对学生个性了解的基础上,说话方式体现出关心、真诚与尊重,让学生感受到信任与支持,强势的或者贴标签式的表达方式都可能起反作用。

家长的干预工作有:觉察自己与孩子之间的亲子关系是否存在控制、高期望、敌对、冲突或者忽视等问题,尝试改进与孩子的关系。如果孩子存在具体的现实压力或困扰,给予孩子积极的帮助和心理支持。

三、三类危机学生干预流程

1. 判断是否超出学校危机干预能力与范畴。首先,心理评估小组要根据高危学生的心理评估结果和个人危机档案,结合省浙教办教科〔2014〕66号文件中关于中小学生的心理危机类别的分类标准,判断该生的情况是否已经超出学校心理危机干预能力和范畴,进行进一步专业的诊断。

2. 成立会谈小组,与家长进行会谈。会谈小组成员建议包括危机领导小组组长或分管副校长、相关处室负责人或年级组长、心理教师、班主任、学生家长。会谈的主要任务是要告知家长学生心理危机情况及可能发生的危机,并建议家长将学生转介至专业心理治疗机构或专科医院进行诊断。会谈结束要有完整的会谈记录或录音记录,及家长签名的学生心理健康状况告知书(见附录4-1)。家长会谈的具体操作参考本章第二节《多方会谈操作流程》。

3. 转介。转介工作是心理高危学生干预工作中很重要的一个环节,一般在多方会谈中提出。如家长有需要,可提供当地或省内具备资质的专业心理咨询与医疗机构,详见浙江省各地心理危机干预热线电话及专业心理咨询与医疗机构一览表(见附录4-2)。另外,学校可与上级心理危机干预机构签订合作协议,实施对本校学生开通心理转介的绿色通道,实现快速转介与信息互通,帮助转介工作更顺利地开展。学生转介书面建议可参考学生心理问题转介信(见附录4-3)。

4. 学校根据医生诊断结果,结合高危机学生实际情况,实施休学或请假手续,或对继续在校上学的高危机学生实施干预。

已经进行转介的学生分两种情况:一是医生诊断学生有严重心理疾病、精神疾病或自杀危机,要求学生休学或请假一段时间接受治疗。学校要积极配合医生建议办理学生休学,在学生休学期间定期联系学生及家长,了解学生治疗进展、康复情况,并做好动态管理记录。

二是医生诊断学生有心理疾病但无严重心理危机,建议学生边药物治疗边上学。学校要做好学生在校期间的全程动态管理,嘱咐心理教师、班主任、心理委员积极关注危机学生,保证学生在校的安全。同时给予学生各种心理支持。但学校不建议这类学生住校,同时建议和学生签署不自我伤害契约书(见附录4-4),和学生家长签署安全责任承诺书(见附录4-5)。

另外,在实际工作中,有一些家长不听从学校和医院的休学建议,甚至不积极进行规范治疗,坚决要让孩子上学,建议学校跟家长签署安全责任承诺书(见附录4-5)。

5. 接纳重新回校的学生

休学期间经过治疗进入稳定或康复阶段的学生,会申请回校读书。可分两种情况:一种是没到休学结束时间,提前申请回校跟读;一种是休学结束,回校读书。第一种情况的复学尤其要分清是学生本人意愿,还是医生的建议或者是家长的意愿。如果不是出自医生的建议,需要考虑复学是否合适,做好复学评估工作。具体操作方法请参考本章第四节《学校如何接纳复学学生》。通过评估重新回到学校上学的学生，学校心理教师可以根据学生意愿和自身能力，对他们进行咨询辅导，建议一开始为每周一次，如果学生适应良好，可以改为两周一次，直到学生走出危机，恢复健康。班主任和家长要对学生进行日常观察，记录学生的心理状态，同时对学生给予接纳与理解以及及时的帮助。

对于三类心理危机学生的干预工作，心理教师要在学校危机干预领导小组的牵头下制定干预方案，实施干预措施，并报县（市、区）教育行政部门和市、省心理健康教育指导中心备案。

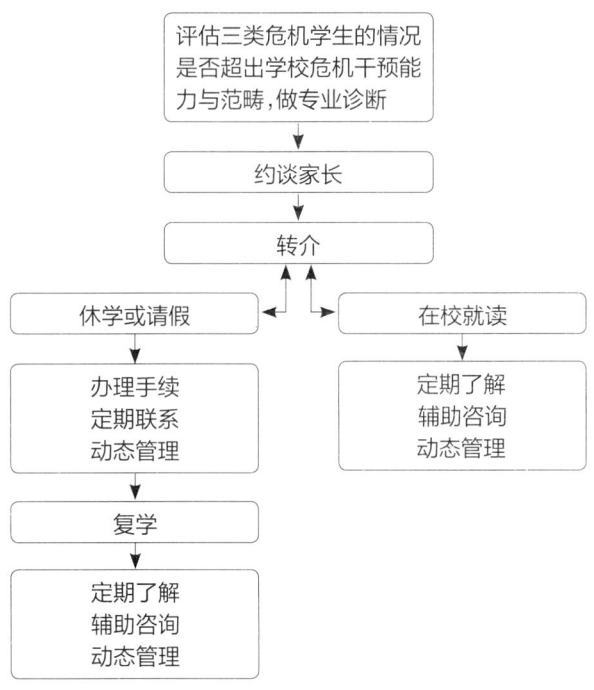

图4-1　三类危机学生干预流程图

第二节　多方会谈操作流程

学校在与家长联系沟通心理高危学生转介事宜时应特别注意方式方法,在家长来访前需要进行研判,校内达成共识后,由班主任及时联系家长到校,并与心理教师、年级组长、分管校领导一起开启多方会谈,家校积极合作,商讨该生进一步的处理方案。

一、召开学校研判会

开启多方会谈前,应召开学校研判会。这是保证多方会谈顺利开展的关键步骤。研判会通常由学校行政职能部门牵头,分管校领导、相关职能部门负责人(学生处/年级组)、心理教师和班主任参加。通过研判会,各方综合了解个案学生情况,初步评估危机严重程度,校内达成共识,制定相关干预方案,并商讨多方会谈框架,明确各自职责。

二、班主任电话联系家长

班主任依据班主任处理心理高危学生操作流程(见附录4-6),需第一时间通过电话的方式与家长取得联系,约好时间和地点,强烈建议父母双方一同前来学校进行面谈。

三、启动多方会谈

(一)召开目的

多方会谈的召开首先有利于各方了解和进一步沟通关于风险个案的信息。通过充分交流,不仅有利于各方修正单一视角导致的局限,也有利于后续家校合作的顺利开展。

（二）人员构成

会谈通常由学校行政职能部门牵头召开，参会人员包括学校分管领导或年级分管中层、年级组长、心理教师、班主任和学生家长（父母双方）。

（三）会谈具体操作流程

心理教师在进行学生自杀风险评估时，若发现该生的风险等级在中等风险及以上，召开多方会谈就是必要的措施。具体操作流程如下：

1. 会前准备

会谈召开前，心理教师需要综合前期面询情况，班主任、任课教师及家长提供的相关信息，形成整体的评估报告，并准备好三份材料，分别是学生心理健康状况告知书（见附录4-1）、安全责任承诺书（见附录4-5）和安全风险告知书。安全风险告知书主要是为了告知家长关于该生现状所具有的风险等级，以做好必要的防范工作。该告知书没有固定的格式，主要包括以下内容：1.客观陈述学生在校期间曾表现过的具有风险意义的行为，以及学校已经为此做出了哪些努力，以尽可能为学生提供相应的支持与帮助，防范风险；2.明确告知家长，学生在治疗期间若坚持在校就读，该生在校期间的人身安全风险等级、学校可以提供的安全保护措施以及家长需要承担的相应责任；3.完成转介建议，即校方强烈建议家长尽快带该生去校外专业医疗机构评估诊断，以保证该生人身安全。

2. 正式会谈

整场会谈分为七个步骤：

第一步，由分管校领导或分管中层作为会议主持人进行简单开场。例如：××同学家长，您好！最近我校心理辅导站对全校学生进行了心理危机筛查与评估,××同学的评估结果显示存在心理危机。为了孩子的健康成长,今天我们与您一起坐下来,商谈一下如何帮助孩子度过危机。

第二步,班主任介绍此次到会的各方人员身份,并对家长能在百忙中抽空前来表示衷心感谢。接着,向家长解释为何要针对该生召开此次会议,解除家长的疑惑,降低家长的戒备,强调家校合作的重要性。

第三步,心理教师向家长出示学生心理健康状况告知书和安全风险告知书,从专业角度详细向家长解释该生目前存在的心理问题、严重程度、风险等级以及转介治疗的急迫性。对家长进行必要的科普,明确告知该生的特殊情况已严重超出学校咨询范畴,需要及时转介到校外专业的医疗机构进行心理评估与诊断。其间,心理教师需向家长强调保密原则,明确告知家长孩子的特殊情况学校会予以严格保密。另外,该生毕业后所有相关心理记录不会带到大学,以此消除家长的疑虑。此外,心理教师还需向家长说明中小学心理危机干预制度与流程,让家长明白所有心理高危学生一律按照统一标准执行。

第四步,班主任将该生自开学以来,尤其是近两周在校的具体表现、任课教师的反馈意见逐一向家长做详细的说明。

第五步,家长客观描述孩子在家的具体表现,包括作息安排、亲子沟通、睡眠、饮食情况等,也可向心理教师寻求家庭教育方面的专业指导与帮助。

第六步,学校分管领导向家长强调学生心理健康与安全问题的重要性,表明家校合作的一致立场,改变家长因为担心孩子可能因此被学校退学或者孩子情况泄露所带来的抵制情绪。希望家长能暂时将孩子的学业放下,尽快带孩子去校外专业医疗机构就诊,并向学校反馈医院的评估与诊疗情况。

第七步,双方积极探讨针对该生的干预方案,制订联合辅导计划,学校教学、学生管理和班主任、学科教师、心理教师联动,为孩子提供适合其良性发展的个别化教育计划和心理辅导。家校间达成共识后,家长需签署学生心理健康状况告知书、安全风险告知书和安全责任承诺书。

3. 会谈结果

会谈结果一般将个案学生分为两类:转介生和在校生。

(1)转介生指的是家长在了解清楚情况后能积极配合,将其及时转介至校外专业医疗机构进行治疗的心理高危学生。在学生转介前,心理教师需填写学生心理问题转介信(见附录4-3),做好登记,通知班主任和教务处请假备案。之后,家长需将孩子在医院评估就诊情况及时告知班主任或心理教师,心理教师做好记录。如学生需要住院治疗或无法上学的,按照学校学籍管理有关规定,家长需出具医院证明或意见,提交休学申请,在班主任陪同下去年级组、教务处办理休学手续。教务处与心理辅导站做好相关记录。治疗期间遵医嘱按时按量服药。若该生服药期间出现不良反应,请及时向主治医生咨询,切不可擅自停药或停诊!此外,转介期间家长应与班主任保持联系,真实地反馈孩子当下的治疗情况与在家表现。

(2)在校生指的是学生本人或父母不同意请假或休学,强烈要求继续留校就读的心理高危学生。对于此类学生,按照以下步骤规范操作:首先,学生本人需在心理教师指导下签订不自我伤害契约书(见附录4-4),心理教师需就契约书中的内容向学生做必要的解释。接着,家长需积极配合班主任为该生办理退宿手续。最后,家校达成共识,校内定期跟踪回访,孩子每周需接受一次校内心理辅导。班主任实时监控该生的心理动态发展,发现情况,及时与心理教师联系。此外,学生需在家长陪同下前往校外专业医疗机构定期复诊。

对于不肯转介的家长与学生,学校可通过线上线下相结合的形式邀请校外心理专家或心理医生参与多方会谈,以第三方的立场从专业角度向家长解释孩子目前存在的心理问题、严重程度以及后续治疗方法,必要时也可给予家长适当的家庭教育指导。

4. 会后记录归档

整场会谈需全程录音,有条件的学校可以把会谈全程录制下来。会谈结束后,心理教师需将参加会谈的所有人员的谈话内容做好详细书面记录(见案例),并请家长在会谈记录上签名,备存于心理辅导站。

案例

心理高危学生多方会谈记录

编号:

咨询时间	年　月　日	学生姓名		性　别	
参会人员		班　级		年　龄	
会议地点		方　式		面　询	
会谈缘由	该生在心理普查中 PHQ-9 和 MHT 的得分均偏高,心理辅导中心对她进行约谈后,发现其兴趣丧失、无愉快感,疲乏感明显,有自杀意念,有过自杀企图,表现出明显的抑郁倾向。无法按时按量完成学习任务,社会功能损伤明显。心理辅导中心建议来访者转介到专业治疗机构进行诊断和治疗,于是通过班主任联系家长,启动多方会谈。				
家校沟通内容记录	来访者的父亲、母亲,高一年级分管副校长、班主任、心理教师参与了本次家校沟通的面谈。面谈主要包括以下两部分内容。 一、心理辅导中心反馈来访者心理状态 　　心理辅导老师首先反馈了昨天校内心理咨询了解到的来访者的心理健康状况,说明来访者心理问题的严重程度,以及对来访者心理问题进行干预的急迫性。此外,还向家长普及了抑郁症的相关知识,澄清了家长对于抑郁情绪与抑郁症的概念混淆,再一次指出针对孩子目前情况尽快就医的迫切性,希望家长对来访者的心理状况有足够的重视。告知家长接下来心理辅导中心将对来访者进行怎样的心理干预,打消家长的顾虑,建立正确治疗的信心。 　　班主任将来访者自开学以来在校的具体表现向家长做了详细的反馈,表明来访者日常在校与其沟通被动。明确指出来访者进校以来不止一次单独躲进厕所哭泣,并且不愿意参加集体活动,虽然班主任多次鼓励,但来访者不予配合。 　　副校长最后向家长强调了身心健康的重要性,表达了家校合作共同为来访者的心理康复而努力的强烈意愿。希望家长将孩子身心健康放在首位。虽然家长工作忙碌,但应尽快带孩子去专业机构就诊,并且一再强调越快越好! 此外,副校长还向家长介绍了前几届个别特殊学生的出路,供家长参考。热切希望家长现阶段一切以孩子身心健康为念,先养好身体,再考虑学业。				

续表

家校沟通内容记录	二、对来访者干预方案的探讨 对于来访者的心理干预，心理教师从专业角度、副校长从校方角度均强烈建议家长带来访者去专业的医疗机构进行诊断和治疗，并且越早越好。来访者家长同意带来访者去就诊，但觉得这周没有时间安排，要下周再安排，心理辅导中心强调来访者心理问题的严重性和尽早就医的必要性，家长表示理解，但本周无法做出安排，并表示对于来访者在校期间出现的任何问题，责任自负，请校方放心。 为了保障来访者的生命安全，也为了引起家长的足够重视，心理辅导中心按照学校的相关规章制度，要求学生本人签订不自我伤害契约书，家长签署安全责任承诺书。
咨询效果	1. 建立了良好的咨询关系，为来访者提供一条新的求助途径。 2. 基本了解来访者的症状、严重程度，为心理危机干预提供了基础性资料。 3. 与来访者家长建立了关系，对来访者的干预达成一致协议。
咨询建议	1. 经咨询师评估，来访者有比较明显的抑郁倾向，超出学校心理辅导的工作范畴。为了不耽误治疗，建议来访者马上到专业的治疗机构进行治疗。 2. 来访者有自杀未遂史，因此马上成立监护小组。来访者在校期间，班主任、年级组和心理辅导中心要做好她的安全保护工作，并启动学校心理高危预警机制。 3. 为了最大限度地解决来访者的问题，咨询师第一时间联系了班主任，向其说明来访者情况和严重程度，并要求班主任尽快安排咨询师与家长进行深入面谈，争取家长的合作态度。 4. 班主任、心理辅导中心实时关注来访者的心理状态动向，并做好来访者的档案记录。 5. 咨询师第一时间将来访者的特殊情况上报年级组长、学生处、分管校领导等，共同商定出对来访者最有力的保护措施。

第三节 班主任家访心理状况访谈提纲

家访的首要目的是与家长建立关系、表达关心,营造积极的家校心理环境,在这个基础上,进一步了解学生的相关信息。本访谈提纲是为了帮助班主任更有针对性、更准确地了解、评估及探索学生的心理危机状况。它只是一个探索性的工具,请根据实际情况使用,仅供参考,特此声明。

一、开场白

××家长,您好,我是孩子的××老师。今天跟您电话联系,是想了解一下孩子假期在家的学习和生活情况。我们想通过此次交流,加深对孩子的了解,为孩子健康成长提供更多的帮助。感谢您的配合!

二、正式访谈

以下左侧罗列的是访谈的提纲,斜体文字为解释文字,可读可不读。家长的具体回答可在空白处记录,并根据访谈情况,在右侧判断栏中选择并标记。

班主任关于学生心理状况家访提纲

学校：_____ 学生姓名：_____ 性别：____ 年级：____

访谈对象与学生的关系：_____ 访谈日期：_____年___月___日

持续时间：_____

	第一部分：基本状态	初步判断
a1	放假期间，你们家受到疫情的影响大吗？（例如：家属或自身曾到访过中高风险区吗？孩子是抗疫一线工作人员的子女吗？） 记录：	【学生类别】 他/她属于 ①来自重点疫区 ②家属或自身曾患新冠肺炎 ③抗疫一线工作人员子女 ④初高中毕业班学生 ⑤罹患精神疾病的学生 ⑥有严重心理问题的初高中学生 ⑦有明显性格偏差的学生 ⑧亲子关系不良的学生
a2	往常，孩子在你们眼中是什么样的？（用形容词形容）放假这段时间以来，有没有留意到孩子有什么明显的变化？（比如：和家人间的关系、行为处事、性格） 记录：	
a3	放假期间，有些学生的心理状况变差，我们也有点担心。孩子情况如何？（视情况询问，原有重点关注的学生，需追问此问题） 记录：	
a4	快开学了，孩子学习、作业状态如何？压力大吗？（例如：很轻松、压力很大、承受不了了） 记录：	他/她（压力） ①小、很轻松 ②比较小 ③一般 ④比较大 ⑤大、受不了
	第二部分：具体、深入的心理状况	初步判断
b1	孩子这段时间睡眠状况怎么样？ 记录：	⑦睡眠无故减少或增加

续表

	第二部分：具体、深入的心理状况	初步判断
b2	刚才说到心情，追问一下：孩子这段时间有没有明显的情绪低落？或者容易发脾气，遇到事情很冲动？ 记录：	⑩易怒 ⑪易冲动 ⑫情绪低落、压抑
b3	刚才说到学习状态，进一步问一下：孩子这段时间对于学习的态度有没有明显变化？和朋友、同学等身边的人有没有严重的冲突？ 记录：	⑬学习成绩全面下降 ⑭学习态度变化 ⑮与同伴、教师有重大冲突
b4	（人总有不顺心的时候）孩子不如意、郁闷的时候，曾经有过以下行为吗？（例如：曾经透露过不想活的念头；觉得自己是负担；非常绝望，没有希望；非常痛苦；性格发生变化，如由活泼变得沉闷、由平和突然变得暴躁等；把重要的东西收拾起来或送给别人等） 记录：	①有不想活的念头 ②觉得自己是负担 ③绝望、缺乏希望感 ④情绪非常痛苦，变化非常快 ⑤性格剧变 ⑥处理个人重要物品
b5	（都说孩子的假期一长，家里鸡飞狗跳）这段时间你们家里的氛围如何？ 记录：	⑧家庭是否有变故 ⑨家庭氛围是否紧张
	第三部分：引导家庭反思、行动的问题	初步判断
c1	放假期间，孩子有没有经常锻炼？家里有没有锻炼的氛围？（平常有没有体育爱好？） 记录：	活化
c2	假期快过完了，孩子身上有没有发生一些让人欣喜的变化？（是谁发起的？当时的情境是什么样的？）（有些一开始讲不出来，多问问，肯定会有一丝欣喜）对孩子有些什么期待？ 记录：	聚焦积极改变；了解家庭动力

备注：判断栏对应浙江省心指办的动态观察表；结合与孩子的谈心信息，判断栏中属于第一部分的人群，且第二部分有一项以上特别强烈的，建议重点关注。

三、结束语

我想要了解的大概就是以上这些情况。很感谢您的积极配合！作为家长,您对学校教育还有什么建议吗?

今天的家访就要结束了。非常开心跟您聊了这么多孩子的情况,希望今后能继续保持联系,再见。

第四节 学校如何接纳复学学生

部分学生在经过一段时间的专业治疗后,情况基本稳定,可能需申请重新就读,学校可以按照复学学生操作流程图(见图4-2)做好重新接纳学生就读的准备。

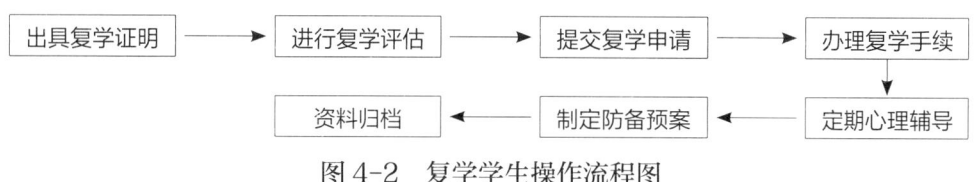

图 4-2 复学学生操作流程图

一、复学前准备

1. 应向学校出具医疗部门认可的心理疾病康复证明、学生就医的病历卡。

2. 心理教师应对学生心理情况进行复学评估(见附录4-7),并明确告知家长和学生复学后将要面对的压力和可能发生的问题。

3. 家长需要填写学生要求复学的申请报告,承担学生因在复学过程中旧病复发而产生的后果。

二、办理复学手续

经学校行政职能部门确认后同意学生复学,心理教师填写好复学会谈评估内容的告知书,家长按照学校要求办理复学手续。

三、复学后注意事项

1. 心理教师要求班主任关注学生复学情况,帮助该生建立良好的支持系统,引导同学避免与其发生激烈的冲突。班级心理委员对其密切关注。心理教师定期与该生谈心,并通过其他人员(心理委员、学科教师、班主任等)随时了解其心理状况,对学生心理健康情况进行日常动态观察,并将日常动态观察结果反馈给班主任与教务处。

2. 为了更好地保护该生,不要议论、传播该生之前患病的信息,并告知相关人员应注意的事项。

3. 心理教师要提前制定学生复学后可能再次发生心理危机的防备预案,进行定期跟踪咨询、风险评估,做出及时处理。

4. 学生复学后的所有资料需要归档,要求一档一卷。

案例

关于某某同学复学会谈评估内容的告知书

学生某某,女,原高二某班学生,因严重心理问题休学近10个月。现主动提出复学申请,并提供由某医院精神科出具的医疗证明书和心理测试结果。

证明书:

"患者因心情差半年,在我科诊断抑郁症,目前情绪评估尚平稳,建议试复学,定期就诊及心理咨询。"

心理测试数据结果：

（1）90项症状清单的测试结果

人际关系：性格内向、敏感，不愿与陌生人交流。

敌对：感到别人不是真心相待，警惕性高，很在意别人的眼光，偶尔发脾气。

偏执：性格固执，有怀疑心，无法相信别人。

（2）汉密顿抑郁量表

诊断结果：无抑郁症状。

（3）汉密顿焦虑量表

诊断结果：无焦虑症状。

根据我校心理危机预防与干预工作流程条例，所有因心理危机休学、请假，而后复学的学生，必须出示专业医疗机构的测量结果、医生康复证明并由心理咨询室实施复学会谈评估工作。学校进行复学会谈评估，目的是了解该生休学期间的生活与就医情况，以及复学后该生可能面临的困难和需要提供的帮助。

复学会谈评估如下：

一般观察：较之前身体发胖、目光回避、少言语、音量低、思维缓慢、偶有走神发呆。

情绪状况：心境低落，有敌对情绪。

认知状况：消极，偏激。

生理状态：脑子经常有空白，夜里清醒，白天迷糊，思维缓慢。

行为方面：行动缓慢，易冲动，寻刺激感，需预防自我伤害行为。

人际方面：父母就近陪读，新班级里没有熟悉的同学。

就医情况：转过多家医疗机构（杭州七医、邵逸夫医院等）；有"焦虑型抑郁症""恶劣心境障碍""抑郁症"等多种诊断；服用过舍曲林和其他药物，服药副作用不明显,至今服药中,由父母监督用药。

会谈结束时,与该生商讨保密事项,该生表示会谈评估内容可以向校方公开。

结论:该生学习动机不足,学习精神状态不佳,对困难预估不足,无应对措施,对环境保持一定警觉和戒心,不易接受周围人的帮助,有寻求刺激而不顾自身安全的冲动。

建议:遵照医嘱,定期就诊及心理咨询;家长负责温暖、友好、宽松的家庭氛围,监督按时服药及避免自我伤害性行为,维护生命安全;学校提供正常教学秩序,监管好安全措施;班主任营造安全、接纳的班级氛围,及时关注、关心学生学习、情绪、行为等,若有异常及时上报,做好与家长、学校的及时沟通;心理咨询室在该生症状稳定并自愿情况下,提供力所能及的心理咨询服务,做好心理动态跟踪,及时记录备案。

知情签字

学生家长:＿＿＿＿＿＿

班 主 任:＿＿＿＿＿＿

年级组长:＿＿＿＿＿＿

心理教师:＿＿＿＿＿＿

校 长:＿＿＿＿＿＿

日期:

四、休学学生申请提前复学流程

1. 学生家长及本人向学校教务处提交提前复学申请书,并附上学校认可的医院精神科医生可复学证明及相关医学资料。

2.学校行政职能部门组织家校多方面谈。

面谈成员包括：负责心理健康的校领导、专职心理教师、班主任、学生家长及学生本人。

面谈主要内容：向家长和学生了解休学期间学生的就医情况、心理健康恢复情况，当前心理状态是否与医生证明吻合，学生对适应新的学习、生活和人际环境的心理准备情况等。会谈结束后由负责心理健康的校领导给出面谈评估反馈（见附录4-8）。

3.学校行政职能部门根据学生本人意愿、精神科医生可复学证明及相关医学资料、家校面谈反馈进行综合研判，给出是否同意学生提前复学的意见。

4.若学校同意学生提前复学，再跟家长签署提前复学期间安全责任承诺书（见附录4-9）。

备注：一般建议先让学生适应性就读一至两周，观察了解学生就读期间的情况。若适应良好，学生可继续就读；若出现明显的适应不良或病情复发等情况，建议学生停止复学，继续休学与治疗，直至康复。

附录 4-1：学生心理健康状况告知书

学生心理健康状况告知书

尊敬的家长：

您好！经了解，您的孩子_____同学（年级_____班级_____学号_____）在校期间，发现其有_____行为。（需要记录其认知、情绪、行为、意志等精神状况）

学校已启动心理干预的三级预防系统（学生陪同、教师关注、辅导老师疏导、学校通知监护人），在本阶段尽到了相应的监管职责。在该生消除自杀（抑郁、躁狂等）意念及行为企图前，如果该生坚持在学校继续学习，其风险程度会升高。本着对学生生命负责的态度，建议监护人陪同该生前往_____（医院）或者综合医院心理科做心理健康状况的评估，看其是否适合继续学业。专业医院的评估对于学校后续给该生提供有针对性的教育环境至关重要，敬请家长重视该生的心理问题，及时就医，并在就医后向学校心理老师反馈结果。如您有就医或转介至社会专业心理咨询机构获得建议的需求，学校会给予相应的建议。感谢您对学校工作的理解，如诊断后有抑郁状态等类似评估，为保障学生安全，不建议留校住宿。

监护人签名： 电话：

监护人意见：

日期：

学校：

年　　月　　日

注：本告知书一式三份。一份送达学生家长签收，一份交由班主任保留，一份由学校心理辅导室留存。

附录 4-2：浙江省各地心理危机干预热线电话及专业心理咨询与医疗机构一览表

浙江省各地心理危机干预热线电话

1. 浙江省心理援助热线：0571-85109955，开放时间：9：00—21：00。

2. 杭州市学生心理热线：0571-87025885，开放时间：周一至周五 18：00—21：00；周六下午接待面询（寒暑假、法定节假日除外）。

3. 杭州市心理危机干预热线：0571-85029595，开放时间：24 小时。

4. 宁波市心理热线：0574-87368585，开放时间：24 小时。

5. 温州市心理热线：96525，开放时间：24 小时。

6. 绍兴市未成年人心理热线：0575-85885885，开放时间：24 小时。

7. 湖州市心理热线：0572-2035512，开放时间：周六、周日 8：30—11：00，13：30—16：30。

8. 湖州市青少年心理健康援助热线：0572-2251885，开放时间：24 小时。

9. 嘉兴市心理热线：0573-88517885，开放时间：24 小时。

10. 金华市学生心理热线：0579-82055405，开放时间：周二至周日 9：00—12：00，14：00—17：00。

11. 舟山市青少年心理服务热线：0580-2912345，开放时间：周一至周五 9：00—11：00，14：00—16：30，周三、周五、周六 18：30—20：30，周六、周日 9：00—11：00。

12. 舟山市中小学心理援助热线：0580-8128707，开放时间：18：30—20：30。

13. 丽水市未成年人心理辅导中心：0578-2075676，开放时间：周一至周五 9：00—11：00，13：30—16：30。

14. 衢州市未成年人心理服务热线：0570-8012456，开放时间：周一至周五 8：30—11：30，14：00—17：00。

15. 义乌市青少年心理援助热线：0579-85255444，开放时间：24小时。

16. 台州市心理健康热线：0576-89012355，开放时间：24小时。

浙江省各地专业心理咨询与医疗机构一览表

序 号	医 院	地 区
1	浙江省立同德医院	杭州
2	杭州市第七人民医院	杭州
3	杭州橡树医院	杭州
4	杭州市公安局安康医院	杭州
5	杭州怡宁医院	杭州
6	浙江省立同德医院闲林院区	杭州
7	杭州慈宁医院	杭州
8	桐庐县第三人民医院	杭州
9	淳安康宁黄锋医院	杭州
10	建德市第四人民医院	杭州
11	杭州市富阳区第三人民医院	杭州
12	杭州市临安区第五人民医院	杭州
13	宁波市精神病院	宁波
14	宁波市康宁医院	宁波
15	象山县第三人民医院	宁波
16	宁海同瑞医院	宁波
17	余姚市第三人民医院	宁波
18	慈溪市第七人民医院	宁波
19	宁波市安康医院	宁波
20	宁波奉化奉安精神专科医院	宁波
21	温州市第七人民医院	温州
22	温州康宁医院	温州
23	温州市鹿城区第三人民医院	温州
24	永嘉康宁医院	温州

续表

序　号	医　院	地　区
25	平阳康宁医院	温州
26	苍南康宁医院	温州
27	文成安宁医院	温州
28	瑞安市第五人民医院	温州
29	乐清凤凰医院	温州
30	乐清康宁医院	温州
31	龙港安宁医院	温州
32	龙港安康医院	温州
33	嘉兴经济技术开发区心理咨询中心	嘉兴
34	嘉兴市秀洲区康安医院	嘉兴
35	嘉善县第三人民医院	嘉兴
36	海盐县康宁医院	嘉兴
37	海宁市第四人民医院	嘉兴
38	平湖市精神卫生中心	嘉兴
39	嘉兴市康慈医院	嘉兴
40	湖州市第三人民医院（湖州市精神病医院）	湖州
41	浙江省医疗健康集团长兴精神病医院	湖州
42	绍兴市第七人民医院	绍兴
43	诸暨市第五人民医院	绍兴
44	绍兴市公安局安康医院	绍兴
45	嵊州市第五人民医院	绍兴
46	绍兴上虞百信医院	绍兴
47	金华市第二医院	金华
48	金华市安康医院	金华
49	金东康宁医院	金华
50	武义县曹小波精神卫生诊所	金华
51	武义康宁医院	金华
52	浦江怡宁黄锋医院	金华
53	浦江康宁精神专科医院	金华

续表

序号	医院	地区
54	磐安安康精神病医院	金华
55	义乌市精神病医院	金华
56	东阳市第七人民医院	金华
57	永康市精神病防治院	金华
58	衢州市第三医院	衢州
59	衢州怡宁医院有限公司	衢州
60	衢州市衢江瑞康医院	衢州
61	常山第三医院	衢州
62	开化第三医院	衢州
63	龙游康宁医院	衢州
64	江山市第四人民医院	衢州
65	舟山市精神病医院（舟山市第二人民医院）	舟山
66	舟山市定海区安康医院	舟山
67	台州康宁医院	台州
68	台州市黄岩区第三人民医院	台州
69	三门康宁医院	台州
70	台州市第二人民医院	台州
71	仙居县第五人民医院	台州
72	温岭市第五人民医院	台州
73	温岭南方精神疾病专科医院	台州
74	临海康宁医院(有限公司)	台州
75	临海怡宁医院	台州
76	丽水市第二人民医院	丽水
77	青田康宁医院	丽水
78	缙云舒宁医院	丽水
79	丽水市第二人民医院遂昌院区	丽水
80	松阳舒宁医院有限公司	丽水
81	庆元安康医院	丽水
82	景宁安康精神病专科医院	丽水

序　号	心理咨询机构	地　区
1	杭州市心理咨询中心	杭州
2	杭州市青少年心理咨询中心	杭州
3	杭州心聆护航心理中心	杭州
4	杭州心悦健康咨询服务有限公司	杭州
5	宁波市百合心理咨询中心	宁波
6	宁波市心理咨询治疗中心	宁波
7	温州永芯心理咨询中心	温州
8	温州市心乐园未成年心理健康指导中心	温州
9	嘉兴市禾馨青少年心理辅导与家庭教育咨询中心	嘉兴
10	上虞区阳光健心心理辅导中心	绍兴
11	诸暨心之缘教育咨询有限公司	绍兴
12	湖州37度心理	湖州
13	湖州灵海心理咨询中心	湖州
14	金华市未成年人心理健康辅导中心	金华
15	衢州市未成年人心理健康辅导中心	衢州
16	台州市黄岩区绿洲残疾人心理援助服务中心	台州

附录 4-3：学生心理问题转介信

学生心理问题转介信

转介对象		班 级		性 别		年 龄		
监护人姓名		电 话		时 间		年	月	日
学生心理状况概述（情绪、认知、行为、躯体症状、社会功能及自伤自杀风险等）：								
已进行过的干预或治疗：								
转介缘由（分析评估）：								
转介医院								
转介科室								

学校：_____　　　　　心理辅导教师：_____

附录 4-4：不自我伤害契约书

立约人留存

不自我伤害契约书

姓　　名		性　别	□男 □女	生　日	年　月　日
学　　号		班　级		年　龄	
联系方式			家庭地址		

　　我对自己目前的情绪问题和严重程度有所了解，但仍希望继续留校读书。我与心理辅导老师约定，自今日起，会好好爱惜自己的生命，无论在怎样的情况下，我都不会做出伤害自己或他人的行为。一旦发现自己有很难控制自杀、自伤或伤害他人的想法和冲动行为，如果在学校，我会立刻联系心理教师、班主任、家人、朋友或同学，以寻求帮助；如果在家里，我会立刻告知父母或其他信赖的亲人，如果无法联系到家人，我也会及时拨打危机干预热线寻求帮助。

　　我清楚地知道，如果发生自伤、伤人和尝试自杀的行为，将会造成咨询的中断。一旦我有自伤、伤人、尝试自杀的行为，学校将立刻启动危机紧急处理系统——通知我的班主任及家长。

班主任姓名：＿＿＿＿＿＿　电话：＿＿＿＿＿＿＿
家长姓名：＿＿＿＿＿＿　　电话：＿＿＿＿＿＿＿

● 若我在学校，想自我伤害，我会先联系：
1. 姓名：＿＿＿＿＿　关系：＿＿＿＿＿
2. 姓名：＿＿＿＿＿　关系：＿＿＿＿＿

● 若我在家，想自我伤害，我会先联系：
1. 姓名：＿＿＿＿＿　关系：＿＿＿＿＿
2. 姓名：＿＿＿＿＿　关系：＿＿＿＿＿

※ 补充信息：

24 小时危机干预热线

紧急情况下 119
希望 24 热线（全国）.. 4001619995
杭州市心理危机干预热线 0571-85029595
舟山市青少年心理求助热线 0580-12355

立约人：
校心理辅导站（盖章）：
立约时间：　年　月　日　时　分

附录 4-5：安全责任承诺书

立约人留存

安全责任承诺书

_____学校：

　　您好！我是贵校_____年级_____班级_____同学的家长。由于孩子出现心理问题，学校已对他/她进行了一系列的干预，后转介给校外精神科医生，经医院诊断为_____，医生建议定期复诊，按时服药，家长陪伴并持续接受心理治疗。孩子目前的情况较不适宜继续留校学习，学校强烈建议孩子暂停学业，由家长陪同监护，督促孩子按时服药并定期带其接受心理治疗，直至康复。

　　但经一家人商量，孩子和我们仍然希望继续留校正常学习。鉴于孩子目前的心理状态与诉求，我们和学校商定，设立"复学适应期"。我们特作如下承诺：一、定期带孩子在校外做心理治疗，遵医嘱，督促孩子按时服药，负责其个人安全。二、暂时退出学校住宿，家长陪读并照顾孩子生活起居，每天负责上下学接送，每周与班主任沟通孩子的心理状况。三、"复学适应期"为1个月，其间，如果孩子出现较大情绪或行为波动，或出现较高自伤自杀风险（包括表达较为强烈的自杀想法、出现自杀计划、实施自伤行为、尝试自杀等），为了保证孩子的人身安全，家长会立即到校接回并继续治疗直至状态稳定。四、在此期间，如有任何意外情况发生，家长愿意自行承担全部责任。上述承诺，承诺人将严格守约。

　　希望贵校予以批准，谢谢！

家长签名（父母双方）：_____

家长联系电话：_____

日期：_____年_____月_____日

附录 4-6：班主任处理心理高危学生操作流程

班主任处理心理高危学生操作流程

一、班主任在班级管理中发现心理高危学生，需第一时间联系心理辅导中心，反馈学生的心理状况，并由心理辅导中心进行专业的评估。

二、心理辅导中心评估后，确定其为心理高危学生，班主任则需第一时间电联父母双方到校，并与心理教师、年级组长、相关处室负责人、危机领导小组组长或分管副校长一起进行多方会谈，商讨进一步的干预方案。

三、心理高危学生需要办理停宿、请假或者休学手续以配合长期心理治疗，班主任应协助家长到相关科室尽快办理。在办理停宿过程中，需与宿管员沟通，强调该生若之后想回校住宿，必须有心理教师的评估才能准其住校。

四、班主任需将该生情况在心理辅导中心备案，并及时反馈到年级组及分管领导处，定期与家长保持联系，了解学生在外就诊情况，并将了解到的情况反馈到心理辅导中心。

五、学生康复后，要求复学或住宿，需要递交申请书和医生出具的康复证明，再经过心理辅导中心的专业评估才能予以批准。学生在校期间需定期在心理中心随访；班主任在日常管理中需密切关注学生的心理动态，观察其恢复情况，若有复发征兆及时反馈到心理辅导中心。

注意事项：

1. 班主任在处理心理高危学生时应严格遵守保密原则，注意态度和方式。密切关注学生的心理动态，及时反馈信息，并做好档案记录。

2. 心理高危学生从身心健康与生命安全角度考虑，均不具备住校资格，班主任应第一时间联系家长办理退宿手续。当需要家长来校会谈时，最好要求父母双方同时来校面谈。实时反馈学生的在校情况，最大力度地发挥家校合力。若学生本人或家长坚持让其在校继续学习，学生本人签订不自我伤害契约书

（见附录4-4），父母双方需签署安全责任承诺书（见附录4-5），并对学生在校实行全程监护或安排合适的学生时刻予以关注。

3.班主任做好与其他学科教师的沟通工作，鼓励其多运动或积极参与集体活动。

_____心理辅导中心
日期：　年　月　日

附录4-7：心理危机学生复学评估访谈架构

心理危机学生复学评估访谈架构

一、正面开场，建立信赖关系
二、说明会谈性质与目的 性质：所有复学学生例行会谈 目的：了解休学期间你的学习和生活情况
三、访谈内容 1.就医情况：哪家医院就诊，是否住院治疗、服药情况、心理治疗情况？住院/休学/服药的感受如何？主治医生对于复学给出的专业意见是什么？复学后，医生是否建议继续服药和治疗？ 2.家庭支持系统（家庭氛围、父母关系、亲子关系是否有改变）：这段时间因为你的情况，家里的氛围有什么不一样吗？每天饮食起居，与家人关系如何，自己目前的情绪状态？父母关系及对待你的方式有什么不一样吗？你觉得这段时间自己最大的改变或成长是什么？ 3.复学主动意愿：复学是谁的主意（自己还是家人）？什么原因想回校？和父母相比较，对于复学这件事谁的意愿大？主动意愿有多强？ 4.自伤或自杀危机评估。
四、取得配合与可提供的帮助 1.取得配合：遵照医嘱，科学服药和接受治疗，告知擅自停药的危险性；签订不自我伤害契约书。 2.可提供的帮助：你觉得复学后可能面临的困难是什么？你有什么办法应对这些困难？你身边有哪些人可以帮你克服困难？希望我提供什么样的帮助？

附录 4-8：申请提前复学家校面谈纪要单

申请提前复学家校面谈纪要单

面谈主题	因心理原因休学学生申请提前复学的家校面谈
参与人员	（一般包括：分管校领导、专职心理教师、班主任、学生家长及学生本人）
面谈纪要	（范例） 　　××年×月×日，原×班××同学及家长在学校××室，进行申请提前复学的家校面谈。 　　面谈围绕以下内容展开。如：休学缘由；休学期间使用的药物、心理咨询等治疗情况；休学期间，身体和心理恢复情况；目前心理状态与医生证明吻合度；对重新上学所做的准备；对新的学习生活的规划及可能面临的压力所做的心理建设等。 　　面谈具体情况如下：（此部分内容根据实际面谈情况记录） 　　依据医院的复查结果、医生可复学的意见，结合家校面谈情况，建议学生可进行一到两周的适应性学习。根据适应性学习期间的在校情况，决定是否继续上学。以下是适应性学习期间的几点建议： 　　1. 建议学生在适应性学习期间规范复诊，同时积极融入新环境，必要时寻求家人、老师和同学的帮助。如出现病情反复，请及时就医。 　　2. 建议家长积极配合学校相关规定，尽到孩子上学期间（包括上学、放学途中）的安全责任承诺。 　　3. 适应性学习期间不建议住校。（寄宿制学校可增加此条）

附录4-9：提前复学期间安全责任承诺书

提前复学期间安全责任承诺书

＿＿＿＿＿＿＿＿学校：

您好！我是贵校原＿＿＿＿年级＿＿＿＿班级＿＿＿＿同学的家长。孩子因＿＿＿＿＿＿心理疾病（可根据具体诊断情况填写）于＿＿＿年＿＿＿月起休学。现经精神科专科医生的规范治疗，孩子的症状缓解，基本恢复健康。经医生＿＿＿年＿＿＿月复诊检查，建议可提前复学，进行适应性学习。

我们与学校进行面谈后，学校认可专业医生的提前复学建议，同意提前复学申请。为确保孩子在校期间的健康和安全，现做如下承诺：

1. 提前复学期间，保证带孩子继续遵医嘱定期复诊、规范治疗。

2. 提前复学期间，积极关注孩子的身心状态，维持与孩子之间良好的亲子关系，主动与班主任沟通学习和生活的情况。

3. 提前复学期间，服从学校、班主任和任课老师的管理，积极与班主任或心理教师谈心。

4. 提前复学期间，自愿走读不住校，不参加晚自习，由家长亲自接送上下学，负责孩子的个人安全。

5. 提前复学期间，若孩子出现较大的情绪或行为异常，家长第一时间到校接回，并积极治疗直至状态稳定。在正式复学前，学校将不再接受该生的适应性学习。

6. 提前复学期间，若孩子有任何意外情况发生，家长愿意自行承担相应责任。

以上，承诺人将严格守约。

家长姓名：

学生姓名：

联系电话：

日期：

第五章

中小学生常见心理问题类型及干预流程

第一节 突发及应急事件处置流程

一、自伤行为发生后的干预

（一）自伤行为的概念

自伤,指个体有意识地损伤自己身体的行为。常见的自伤行为包括用尖锐物品割伤皮肤组织、反复抓挠皮肤造成流血、用头部或肢体撞击坚硬物体等。根据意图的不同,自伤行为可以分为自杀尝试性自伤行为和非自杀性自伤行为。顾名思义,如果个体实施自伤行为是为了结束生命,那么这类自伤其实是自杀尝试。这种情境下,该个体有强烈的自杀愿望,并且已经开始采取行动,所以有高度自杀风险。对于这类学生,需要参照本节第二部分《自杀危机发生时的干预》进行评估和干预。

如果个体实施自伤行为,并不是为了结束生命,而是出于其他原因,则称之为"非自杀性自伤"。自伤行为会带来身体上的疼痛。为什么个体会采取自伤行为？目前研究者们普遍认为,自伤行为是一种情绪调节策略。具体来说,个体通常是在体验到强烈的、难以耐受的负性情绪时,或是处于解离状态、感到很麻木时,才会实施自伤行为。自伤行为可以缓解痛苦,降低负性情绪的强度。这是因为,自伤带来的疼痛感可以刺激大脑分泌内啡肽,内啡肽可以起到镇痛、缓解负性情绪的作用。自伤带来的疼痛感也会带来"我现在活着"的真实感,消除解离带来的麻木和无意义感。另外,实施自伤后,家人、老师、同学可能会提供很多关注和情感支持。上述效应均可能强化自伤行为,使得个体更频繁地自伤,甚至发展出成瘾性的自伤行为。

(二)对自伤行为的评估

对自伤行为进行评估是干预的前提,建议由学校的专职心理教师来做。心理教师需要用"带有好奇心的温情"评估自伤行为的特点、严重程度、诱因和后续结果。具体来说,心理教师可以遵循以下步骤。

1. 开始评估前,告知来访者心理辅导的保密原则和保密例外。告知来访者,发现其有频繁、强烈的自杀想法或自伤行为,或推荐其就医时,需要部分突破保密,告知班主任和家长部分信息,这是法律的要求,也是为了保护来访者的生命安全。需要额外向来访者说明,突破保密时,仅会告知班主任和家长有关情绪状态、自杀自伤情况的信息,不会泄露其他信息,告知的方式也会提前和来访者商议。

2. 详细询问自伤行为的特征,包括自伤的方式和工具(用尖锐物体割伤皮肤、用指甲抓挠皮肤、用身体撞击坚硬物体,或是其他方式)、时间、地点和频率(最早出现自伤行为的时间、近期自伤行为发生的情境、自伤行为的频率)、自伤的目的(是否为了自杀)、对自伤行为的认知和情绪(对自伤感到羞耻或反感、对自伤感到无所谓、对自伤持积极肯定态度,这三类态度分别提示不同的风险等级)。

3. 详细检查伤痕的位置、数量和深度。如果来访者同意,可以拍照记录。如果伤痕数量较多,深度较深,甚至出现过割伤血管、头面部或四肢明显损伤的情况,则提示来访者风险较高。

4. 询问自伤行为的情境和后续结果,评估触发或维持自伤行为的可能因素。具体来说,可以询问来访者,"发生了什么事情,让你想做这样的事情""自伤之后,你有什么样的感受""家长、老师、同学知道这个事情吗？他们有什么样的反应"。评估自伤行为的触发因素和维持因素,也可以帮助来访者领悟,自伤是对极端情绪的反应,是一种调节极端情绪的策略。这一领悟可以帮助来访者提升希望感和掌控感,降低自杀自伤风险。

5. 评估来访者的其他症状,排查来访者是否可能患有抑郁症、焦虑症、强迫症等心理障碍。

6. 在评估结束后,心理教师可以感谢来访者对自己的信任,表示按照法律规定,需要突破保密,告知班主任和家长有关自伤行为的情况,并且和学生讨论突破保密带来的情绪感受与突破保密的方式。

（三）对非自杀性自伤行为的干预

非自杀性自伤是一种非适应性的情绪条件策略,如果出现意外,可能带来生命危险,它也提示该个体可能患有心理障碍。因此,需要心理教师、班主任和家长高度重视,协调合作,妥善应对。

1. 心理教师的干预工作

心理教师的干预主要包括推荐转介、教授危机生存技能和改善自伤驱动力三个部分,可以遵循以下步骤。

（1）第一时间把来访者的情绪状态和自杀自伤的相关信息告知班主任,请班主任推荐家长带来访者赴校外专业医疗机构就诊。告知相关信息时,需要向班主任讲解自伤行为和心理障碍的相关知识。心理教师也要及时把心理评估中了解的信息和已经实施的干预写入咨询记录,并且上报学校心理危机干预小组。

（2）要优先帮助来访者学习危机生存技能,练习在极端情绪下如何调节情绪。心理教师可以教授来访者使用辩证行为疗法中的 TIPP 技能应对这类情绪危机。TIPP 技能即通过改变身体温度（Temperature）、高强度运动（Intense exercise）、有节奏呼吸（Paced breathing）、渐进式肌肉放松（Progressive muscle relaxation）来改变体内的神经生化物质，快速降低情绪强度。具体来说，可以用冷水冲手臂或脸部来降低身体温度，或剧烈跑跳改变心率和血压，或用有节奏的呼吸（4秒吸气、6秒呼气）降低自主神经激活，逐个收缩和放松身体大肌肉群，实现极端情绪的释放和调控。心理教师可以和来访者讨论哪些策略对他／她可能有用，也可以当场排演这些策略。

（3）在来访者已经较好地掌握危机生存技能后，咨询师可以使用其他技术和来访者讨论自伤行为的深层驱动力，发展其更成熟的自尊和更具适应性的人际关系。

2. 班主任的干预工作

班主任的干预工作可以参考以下内容。

（1）及时告知家长学生实施自伤行为的信息，建议家长带孩子尽快赴校外专业医疗机构就诊。在告知家长时，班主任需要描述该生自伤的基本情况，告知自伤行为的可能风险，并且安抚家长的焦虑情绪，对家长开展相关的心理教育——自伤行为是处在极端情绪下调节情绪的尝试，不要为此批评孩子（批评孩子只会使其情绪更糟糕），而是要给予更多情感支持，并且排查其是否可能患有心理障碍。

（2）与学生本人沟通，了解学生在生活中的现实困难，帮助学生解决现实生活中的难题（如学业困难、人际关系等）。

（3）鼓励学生在情绪波动强烈时，向好友及自己信任的任课教师、心理教师或家长求助。

（4）班主任也需要持续追踪该生情绪状况，并和家长、心理教师保持密切联系。

3. 家长的干预工作

作为家长，可以实施以下干预工作。

（1）了解自伤行为的基本常识（参见《自伤行为的概念》），用温和、关心的态度向孩子了解自伤行为的具体情况。家长可以说,"今天班主任告诉我,你之前有一些自伤行为。我挺担心的,也觉得挺愧疚的。你愿意跟爸爸/妈妈讲讲这些情况吗?"

(2)帮助孩子解决生活和情绪问题。家长可以了解孩子现实的生活挑战,为孩子提供指导和建议,提供更多的情感抚慰和鼓励支持。

(3)及时带孩子赴校外专业医疗机构就诊,并且寻求心理咨询的帮助。

(4)与班主任和心理教师保持密切联系,追踪孩子的情绪状况。

二、自杀危机发生时的干预

自杀是青少年危机的主要形式之一。当发现有学生企图自杀、做出危及自己生命的行为时(如站在楼顶企图跳楼),学校心理危机干预小组须立即采取行动,同时开展以下工作来应对危机。

1. 校领导、班主任、心理教师、安保人员、校医等立即前往现场,评估危机的风险性。若危机风险高,则校领导立即致电119、110与120,在救援人员到达现场后告知最新的、准确的情况。在整个救援过程中,要时刻与救援人员保持密切联系。

2. 班主任立即通知学生家长,第一时间赶往学校。

3. 在专业心理危机干预人员到达现场之前,由2—3名教职工(例如校级领导、当事人的班主任、心理教师等)与企图自杀的学生对话。同时,附近应有其他教职工提供后备支援。

4. 保护现场,避免其他师生目睹现场情况或闯进现场,遭受心理创伤。封锁通往走廊或天台的入口;视情况疏散学生,确保学生留在教室内;在需要时,重新安排或停止校内活动,避免无关师生目击危机事件。

5. 学生获救后,应建议家长立即把该生送往医院进行精神健康检查。待学生情绪状态稳定后,需完成复学心理评估方可返校,返校后学校提供心理辅导支持。

三、自杀危机发生后的干预

（一）自杀未遂学生的干预

对于自杀未遂学生，在出现自杀行为后，应第一时间到专业医院进行诊断和治疗，并开启多方会谈，明确家校各方的工作重点。经过一段时间治疗后，学生本人和家长想要返校就读前，先去相关医院出具可以复学的证明，再带着证明回校接受心理教师的复学心理评估。在校学习期间，学校需对其进行跟踪干预和辅导，具体步骤如下。

1. 确定问题。心理教师通过倾听、理解、共情，与学生建立相互信任的咨访关系，进一步确定学生的安全风险。若情况严重，则迅速将情况转告给家长和有关人员进行干预。

2. 保护学生的安全。教师、班级同学在保密原则之下对自杀倾向者进行观察、看护，确保其在校期间的安全。

3. 给予学生更多心理支持。心理教师、班主任与学生保持积极的沟通与交流，多倾听、多肯定，使其烦恼与困惑得以宣泄。此外，为学生营造支持性的人际交往环境，帮助其更好地融入班集体。

4. 心理辅导。在给予自杀未遂者一些支持和帮助的基础上，指导其调整思路，改变认知，寻找更多的问题解决对策，提高其问题解决能力。

5. 帮助自杀未遂者制订计划。与自杀未遂者探讨其遭遇的危机和挑战，减缓心理冲突，矫正认知和情绪的失衡状态，制订应对挑战的计划，战胜危机。

6. 得到承诺。通过进一步沟通，得到自杀未遂者不再自杀的承诺，帮助自杀未遂者寻找更多的支持资源，找出其他的行为选择。

（二）自杀已遂的干预

学生自杀事件发生后，危机干预内容包括两方面，一是对自杀事件的善后处理，二是对目击师生的心理危机干预，干预流程包括以下几部分。

1. 核实信息，对事件的影响进行初步评估。

2. 通知上级教育主管部门。

3. 召开学校心理危机干预小组会议，拟定对其他可能存在自杀风险学生的危机干预计划、步骤和分工，修订危机干预计划。

4. 评估与识别可能受影响的师生，对不同人群制订具体的干预计划。

5. 开展危机干预工作。

（1）召开涉事相关人员会议。澄清事情，解答疑问，为教师与学生、家长谈论该危机事件提供指导，公布修订的心理危机干预计划。

（2）教师心理干预。根据教职工的需要，选择合适的时机，由专业心理干预专家为受影响的教职工提供心理援助，充分利用校外心理咨询的转介资源。

（3）学生心理干预。班主任向学生宣布准确消息，减少学生间出现无根据揣测的现象，并根据受影响的程度确定不同形式的干预方式，具体如下表。

受影响程度	干预对象	干预形式
高危圈	直接接触危机事件，与发生危机事件者关系密切且受影响较大者，或过去有类似经验者	心理急救 个别辅导 建立关怀圈 安全维护
中危圈	间接接触危机事件，或与危机事件者有关联的受影响者	小组辅导 个别辅导
低危圈	可能受到危机事件影响，或确定受影响但影响程度较小者	班级辅导 心理教育

（4）家长沟通与援助。第一时间知会家长；准确陈述事件经过并慰问学生家属；协助安排所需心理支援，为家属提供合适且恰当的帮助。

（5）舆情处理。危机事件发生后，学校针对此次危机事件具体情况和造成的舆情影响及时做出适当的处理。强调提醒师生，为了尊重当事人及其家长，不应把当事人的资料随便向外披露。

6.评估危机处置与干预结果，总结反思，撰写危机干预报告。

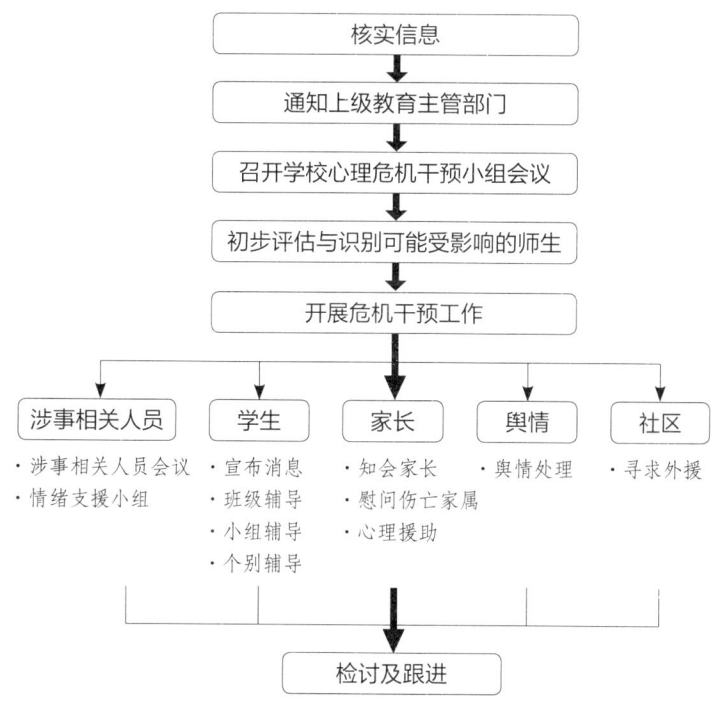

图 5-1 自杀已遂的干预流程

第二节 抑郁症及其应对方案

一、抑郁症的界定

（一）抑郁症的判定

1. 症状判定：持续2周及以上，且排除其他精神疾病。典型症状：（1）心境低落；（2）兴趣和愉悦感丧失；（3）精力不济或疲劳感。常见症状：（1）注意力降低；（2）自我评价降低；（3）自罪观念和无价值感；（4）悲观；（5）自伤或自杀观念/行为；（6）睡眠障碍；（7）食欲下降。

2. 严重程度判定。轻度抑郁：2条及以上典型症状+2条及以上常见症状。中度抑郁：2条及以上典型症状+3条及以上常见症状。重度抑郁：3条及以上典型症状+4条及以上常见症状。

（二）抑郁症的心理测评及结果显示

抑郁是心理健康水平重要的情绪指标之一。有严重抑郁情绪的学生可能在相关心理测评中呈现"阳性"高分预警，如90项症状清单（SCL-90）中的抑郁分量表得分大于26分，或抑郁因子分大于2分，提示有抑郁症状；抑郁自评量表（SDS）标准分53—62分为轻度抑郁，63—72分为中度抑郁，73分以上为重度抑郁；流调用抑郁量表（CES-D）总分大于等于16分，或大于等于20分，提示有抑郁症状，大于等于24分或大于等于28分，提示有重度抑郁症状；贝克抑郁量表（BDI）总分14—19分为轻度抑郁，20—28分为中度抑郁，29—63分为重度抑郁；PHQ-9抑郁症筛查量表原始总分5—9分为轻度抑郁，10—14分为中度抑郁，15分以上为重度抑郁;儿童抑郁量表(CDI)总分大于15分,提示有抑郁症状;汉密尔顿抑郁量表(HAMD)总分8—17分为轻度抑郁,18—24分为中度抑郁,25—52分为重度抑郁。

二、抑郁症的应对方案

(一)心理评估

当发现学生疑似存在严重抑郁问题时,首先要对学生的心理健康状况进行评估,根据心理评估结果确定进一步的干预方案。心理评估的内容包括心理状态评估和自杀风险评估。

1. 心理状态评估

根据心理测量的结果和心理面谈了解的资料,对来访者的心理状态进行评估。评估内容包括以下六个方面。

(1)情绪状态:了解情绪状态的起始时间、出现频次和持续时间,情绪产生的原因、起伏程度,情绪感受和表现等,评估学生情绪问题的严重程度。

(2)认知状况:了解学生的思维形式和思维内容是否存在异常(如思维奔逸、思维迟缓、思维破裂,或者妄想、幻觉等),自我评价的特点,注意力、记忆力等认知功能是否被损害等。

(3)行为反应:是否存在破坏性行为、冲动行为、伤人或者伤己行为以及其他异常行为。

(4)躯体症状:是否存在明显的躯体不适,比如头痛头晕、胸闷气短、呼吸不畅、肠胃不适等,饮食、睡眠是否正常。

(5)社会功能:评估学生的学习功能和人际交往功能是否受损。学习功能受损表现为无法集中注意力听课、缺乏学习动力、无法理解教学内容等;人际交往功能受损表现为回避人际交往或者在人际交往中暴躁易怒,容易产生人际矛盾等。

(6)社会支持系统:了解学生的社会支持系统,比如亲子关系、家庭环境、同伴关系等,是否会积极求助等信息。

根据以上六方面的内容,对来访者的心理状态进行评估,明确来访者的情绪处于正常状态还是异常状态。

2. 自杀风险评估

根据北京大学徐凯文教授的自杀自伤评估表,对学生的自杀风险进行评估。若得分在6分以下,则表示安全风险可控;若得分大于等于6分,则属于高风险对象,需采取紧急措施确保学生的人身安全。

徐凯文自杀自伤评估表

评分项目	无	有(低)	有(高)
自杀、自伤计划	0分	1分	2分
自杀、自伤经历	0分	1分	2分
目前现实压力	0分	1分	2分
目前支持资源	2分	1分	0分
临床症状	0分	1分	2分

注:1.临床症状"有(低)"指存在一般或严重心理问题;临床症状"有(高)"指存在疑似神经症或精神疾病。
2.大于等于6分属于高风险。

(二)抑郁症的应对策略

根据心理评估所得的抑郁症的严重程度,学生可以分为两类:一类是继续留校就读的抑郁症学生,另一类是需要住院治疗或无法上学的抑郁症学生。针对这两类学生,学校心理教师、班主任和家长可以采取以下应对措施。

1. 继续留校就读的抑郁症学生

心理教师需每周一次定期约谈,与学生建立良好的咨询关系,及时评估学生的自杀风险和情绪状况,并对学生进行抑郁症知识的科普,嘱咐学生遵医嘱按时服药和复诊,帮助学生了解和适应药物反应,建立康复的信心。当学生进入康复期后,可以通过心理辅导帮助学生学会合理的情绪调节方法,积极应对生活中的困难与挑战。

班主任应实时监控学生的心理动态发展,发现情况及时与心理教师沟通,同时也需要在班级中营造接纳支持、平等理解的氛围。在与抑郁症学生沟通时,应避免说"别想那么多,想开点就好了""你有什么好抑郁的,我看你不是好好的嘛""你这样会把负能量传给我们""加油,振作起来"等话语。班主任和任课教师也不要刻意特殊化对待该生,如提供帮助,可提前询问学生的意见。教师在语言上可做如下表达:"我知道我做不了什么,也无法体会你的痛苦,但我在乎你的感受,我愿意陪你。"

家长需每周与班主任沟通孩子的心理状况;监督孩子按时服药,带其定期复诊,并负责其个人安全;照顾孩子的生活起居,每天负责上下学接送。若孩子在校期间出现较大的情绪及行为波动,应立即到校接回孩子并继续治疗,直至情绪稳定。此外,家长也应采取积极的教养方式,为孩子提供必要的心理支持,为孩子的治疗和康复营造积极和谐的家庭环境。

2. 需住院治疗或无法上学的抑郁症学生

心理教师需每月向班主任了解该生的治疗情况和表现,了解该生返校复学的时间,必要时与家长进行沟通,帮助家长了解抑郁症的科普知识以及积极的育儿方式。心理教师也需要在该生返校前进行复学心理评估。

班主任需与家长保持每月一次的联系,了解该生近段时间的治疗和在家的表现,并与心理教师做好沟通。

家长需陪伴孩子去医院接受心理治疗,监督孩子按时服药,带其定期复诊,并负责其个人安全,同时每月与班主任沟通孩子的心理状况、治疗情况以及在家的表现,直至孩子康复。家长也应采取积极的教养方式,为孩子提供必要的心理支持,为孩子的治疗和康复营造积极和谐的家庭环境。

第三节 严重焦虑问题及其应对方案

一、严重焦虑问题的界定

(一)严重焦虑问题的经验性描述

中小学生严重焦虑问题主要分为社交焦虑和考试焦虑两类。严重焦虑情绪会影响学生的心理状态,对学习、生活产生极大的危害,对学生的心理健康造成威胁。

社交焦虑,是指和人交往时产生强烈的焦虑、紧张情绪的内心体验。学生虽知这种紧张不必要,但遇到相似情境仍会反复出现此类情绪,难以控制。具有严重社交焦虑的学生会害怕被人评价,自我评价低,会极力避免与人交往的场合,把自己封闭起来,害怕时会出现紧张、出汗、心慌气短等一系列生理反应。有严重社交焦虑的学生通常缺少社交学习和社交技能。

考试焦虑,是指在临近考试期间或在考试时所表现出的紧张、担心、不安、心痛、出汗等身心变化。严重的考试焦虑常伴有头晕、胸闷、心悸、呼吸困难、口干、尿频、尿急、出汗、震颤和运动性不安等生理表现。有严重考试焦虑的学生通常自我要求高,或缺少学习和应试技能。

(二)严重焦虑问题的心理测评及结果显示

焦虑是心理健康水平重要的情绪指标。有严重焦虑情绪的学生可能在相关心理测评中呈现"阳性"高分预警,如在 90 项症状清单(SCL–90)的"焦虑"因子分大于等于 4 分,提示有焦虑症状;中学生心理健康综合测量(MHT)总分大于 65 分,有一个因子分大于8分,提示有焦虑症状;焦虑自评量表(SAS)的原始总分大于56分,提示有焦虑症状;汉密顿焦虑量表(HAMA)原始总分超过29分,为严重焦虑;贝克焦虑量表(BAI)原始总分大于36分,为焦虑阳性的判断;广泛性焦虑障碍量表(GAD-7)原始总分大于15分,为重度焦虑;社交焦虑量表原始总分越接近24分,表示焦虑程度越高;考试焦虑度测试量表总分大于75分,为重度焦虑。

二、严重焦虑问题的应对方案

(一)严重焦虑危机的预防策略

遇到有严重焦虑倾向的学生,教师应评估其危机程度,与家长召开多方会谈,签订学生严重心理问题告知书,在与家长达成一致意见的情况下,开展后续的转介或辅导策略。

1. 转介:评估个案,有症状:(1)相关支持系统功能不全;(2)自杀成功可能性高(生命安全堪忧);(3)有严重焦虑倾向并伴有中度以上抑郁倾向;(4)医生建议住院、服药。以上状况可考虑转医疗系统,由精神科医生和心理治疗师协助治疗。

2. 长期辅导:评估个案,有症状:(1)相关支持系统功能尚可;(2)有严重焦虑倾向但无抑郁倾向或只有低抑郁倾向;(3)自伤行为严重但自杀可能性低。以上状况则建议进行校外定期长期心理辅导或校内辅导(心理辅导教师有能力、有精力,可以有效与个案工作的情况下)。若担心个案有严重的自杀行为,可再进行个案研讨,确定更适当的处理方式。

3. 定期关怀:评估个案,有症状:(1)相关支持系统功能较好;(2)有中度焦虑倾向但无抑郁倾向或只有低抑郁倾向;(3)无自伤/自杀行为或倾向。以上情况可由班级老师观察与关怀,心理辅导教师定期(2—3周)关怀与评估个案状况。

4. 团体辅导:个案经过长期辅导或定期关怀后,评估团体辅导对个案有特定的成效,经学校危机干预小组商讨后,则可转团体辅导。

(二)具有严重焦虑问题学生的辅导策略

1. 改变认知

(1)使学生认识到什么是焦虑情绪。

(2)明确哪些是非理性认知,澄清认知方式导致焦虑的原因。

(3)将引发焦虑情绪的自我对话转换为解决问题的自我对话,发展有效的应对技巧。

(4)对学生的表现进行正性评估,给予鼓励。

2. 放松练习

·腹式呼吸

(1)先找一张椅子坐下,背靠着椅背。

(2)用鼻子深深地吸一口气,让腹部慢慢胀起,全身保持放松的状态。

(3)缓缓地将气呼出,让腹部收缩起来,回复到吸气前的状态。

(4)重复呼吸练习,直至心跳及呼吸减慢,并感觉平静。

·肌肉放松练习

(1)双手和手臂

双手握拳;双手曲起,手腕尽量贴近肩膀;慢慢地将双手放下并放松。

(2)头部

头部尽量后仰;慢慢地将头部放回原位并放松;头部尽量向前低,下颚贴近胸前;慢慢将头部回复原位并放松。

(3)口部

尽量咬紧牙关;用力闭上嘴唇;尽量扩张胸部;慢慢地将牙齿、嘴唇及胸部放松。

（4）肩膀

第一组练习：肩膀用力向上，尽量贴近耳朵；慢慢地将肩膀放下并放松。第二组练习：双肩向后，胸部前挺；慢慢放松。

（5）双脚

双脚离地伸直；脚板向下；脚板向上抬；慢慢放松。

3. 系统脱敏

（1）选一个安静舒适的环境，尽可能地躺下或坐下。

（2）结合社交或考试焦虑学生的特点，编写能引起其焦虑和紧张的情境，刺激强度由小到大。

（3）指导学生做放松训练，体验放松的感觉。

（4）进入放松状态后，指导学生按假定焦虑等级的最低一级情境开始想象。要求学生把它想象成正在发生一样。如不出现焦虑和恐惧反应，全身肌肉继续呈松弛状态，转入下一等级情境。如果引发了焦虑和恐惧反应，指导学生在感觉出现紧张感的肌肉部位再做一遍放松训练，直至在这种情境中不再感觉紧张，然后进入下一等级情境。

4. 表象训练

（1）进行放松训练，使全身处在放松的状态下。

（2）引导学生回忆以前相关的成功经验，感受成功时的自豪感和幸福感，肯定自己，增强自信。

（3）在放松的、愉悦的情绪体验下，教师采用语言暗示的方法，让学生想象社交或考试情境，并使考试情形逐渐连贯、稳定、顺利地呈现在学生头脑中。

5. 其他建议

（1）给父母的建议

家长应首先放松自己的心态，对孩子抱有适度的期望；与孩子进行有效的沟通,允许孩子有自己的主见。此外,家长要为孩子营造温馨、民主、接纳的家庭环境。

(2)日常生活保健

建议学生均衡膳食,多吃香蕉等可以稳定情绪的水果,经常锻炼,多晒太阳,保证充足的睡眠。此外,也建议学生与关心自己的人保持联系。

第四节　严重人际冲突问题及其应对方案

一、严重人际冲突问题的界定

(一)人际冲突的概念

人际交往是个体社会化以及实现心理健康发展的重要途径,人际冲突是人际交往中普遍存在的一种社会互动行为。人与人之间利益的不同、沟通的障碍、认知的差别、个性的差异,都有可能造成冲突的发生。人际冲突包括亲子冲突、师生冲突和同伴冲突。

中学生进入青春期后,处于"心理断乳期",具有身心发展迅速且极不平衡的特点。一方面,生理上的变化和自我意识的高度发展,使他们产生了强烈的成人感与独立感。情绪情感的表达方式发生了明显的变化,渴望社会、学校、家长及同伴给予他们成人式的信任和尊重。另一方面,他们的认知能力、思想方式具有片面性,缺乏社会经验,容易将家长和老师的监督与教诲当成是对自己的束缚。该阶段,青少年以自我为中心的思维方式再度出现,假想的观众及心中独特的自我,使他们认为自己处处是大家关注的焦点,很难接受别人不同于自己的看法和意见,也很难从别人的角度考虑问题。再加上青少年情绪的不稳定性,时而强烈、狂暴,时而温和、细腻。因此,学生在中学阶段发生人际冲突的频率和激烈程度均超过其他人生阶段。

（二）严重人际冲突问题的心理测评及结果显示

家长、班主任和心理教师等教育者可参考该生的心理测评结果或心理医生的诊断说明，来了解学生的人际交往模式、人际冲突发生的可能性及其受冲突影响的程度。以下情况需引起关注：90项症状清单（SCL-90）总分超过160分，其中"人际关系敏感""敌对"等有两项因子分均超过2分；中学生心理健康综合测量（MHT）总分超过65分，其中"对人焦虑""冲动倾向"因子分均超过8分。另可参考医院出具的关于校园恐怖症、社交恐怖症、适应障碍、抑郁、焦虑等情绪障碍，以及双相情感障碍等的心理诊断。

二、严重人际冲突问题的应对方案

（一）认知层面的预防工作

教育者应该认识到，青少年的人际冲突中蕴含着成长的契机。从积极意义上看，冲突可以视为学生成长中的重要经历。面对冲突，我们不能一味地排斥和消极地杜绝，更不能以强硬的态度压制冲突。要敏感地抓住冲突情境，调整学生的认知偏差，协调他们的人际关系，从而为其学习和生活提供一个和谐、融洽的环境。

1. 营造良好的家庭氛围。家庭作为父母和孩子的心灵栖息地，当然有其独特的氛围。不同家庭氛围下成长起来的孩子，必然具有不同的气质、个性和行为习惯。家长是孩子最重要的学习榜样，身教的作用往往大于言传。家长营造一个良好的家庭氛围，可以促进青少年心理健康的发展，对其人格的完善也具有非常重要的作用。

2. 调整教师的管理模式。处于青春期的学生并不能全面地认识自己，对问题的看法还带有很大的片面性。所以，在与学生沟通的过程中，教师应多表达肯定。

若发生冲突,教师应先接纳他们的观点,然后以引导的方式去解决,避免争吵等强硬的沟通方式,使矛盾激化。

3.建立良好的同伴关系。良好的同伴关系对青少年获得身心发展有重要作用。家长、教师或心理工作者应帮助青少年改变不恰当的认知和态度,引导青少年学会建立良好的同伴关系,学会悦纳自我,正视自己的优缺点。

(二)行动层面的干预策略

1.开展调查性谈话(现场评估)

干预力量:政教处、班主任和班干部。

过程步骤:当校园内发生同伴、师生冲突事件后,班干部和目击者尽快报告班主任,班主任第一时间到达现场后,应进行简单的秩序维持工作,并迅速评估现场情况。

(1)危机等级较低,由班主任将冲突当事人带离现场,可找一个安静的地方进行单独的沟通性对话。

(2)危机等级中等,具有一定影响,班主任联系政教处后,将冲突当事人带离现场进行沟通。政教处到达现场维持秩序,并向事件目击者了解事件的起因、过程,安抚目击学生的情绪,及时引导学生正确看待冲突事件。

如果有人受伤,则马上通知医务室进行伤势评估和救助。

(3)危机等级较高,且造成较大影响的,班主任应立即上报学校危机干预小组,学校危机干预小组启动危机干预程序。

在进行沟通性对话时,以下内容和话语句式可供参考:

了解对方的境遇:"当时发生了什么?"

了解对方的感受:"让你感到……"

了解对方的需求:"你需要……"

了解对方的想法:"你当时在想……"

了解对方的期望:"你希望……"

了解对方的行动:"你是不是想要做……"

在沟通过程中,让当事人把事情经过和本人对此事的认识写下来。

以上沟通对话的方式,既可以评估当事人的认知、情绪、意志行为等心理状况,又可以让当事人放下心理防御,取得其信任和配合,还可以帮助当事人缓解负面情绪,澄清其真实想法和深层需求。

学校危机干预小组综合各方信息后,还原冲突事件的发生原因和经过,了解涉事学生的心理状态,并为下一步的心理辅导和违纪行为的处置做好铺垫。

2. 召开多方会谈

干预力量:政教处、当事人家长、班主任和心理教师。

过程步骤:约谈家长,告知事件经过和相关德育行规处理(如若有违规违纪行为),签订安全责任协议书。在与家长达成一致意见的情况下,开展后续心理辅导。如果有涉事方出现伤情,则进行相应的救助和冲突调解协调工作。

3. 实施心理辅导

干预力量:心理辅导中心。

过程步骤:视冲突当事人个人心理和人际交往社会功能情况而定,采取以个体心理辅导或人际交往为主题的小团体辅导。通过心理辅导,帮助其检视个案存在的不合理信念,初步学会恰当的情绪调节方式,学会换位思考、积极倾听等人际交往技能,改善人际关系并提升适应环境的能力。

4. 做好舆情控制和危机事件上报

干预力量:学校危机干预小组。

过程步骤：如果冲突事件情节严重，涉及教师、学生人身安全和健康，则启动危机紧急干预机制，将该事件上报上级部门，并做好对外消息的发布，控制舆情。

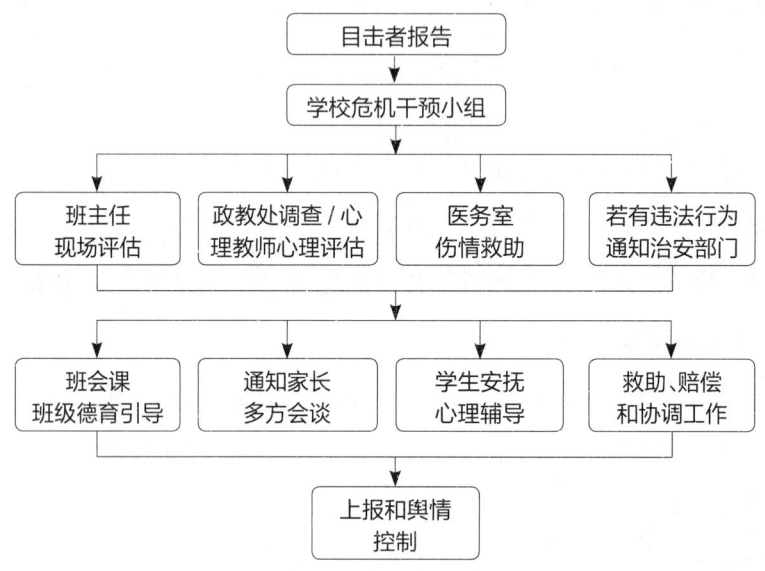

图 5-2　人际冲突事件干预流程图

第五节　严重学习适应不良问题及其应对方案

一、严重学习适应不良问题的界定

（一）学习适应不良的概念

学习适应不良是指学生不能根据学习条件的变化，调整学习策略，积极主动做出身心调整，导致学业成绩和身心健康无法达到应有发展水平的学习干扰现象。严重学习适应不良会给学生带来巨大的危害，导致学生学业成绩下降，挫败学生的学习信心，导致厌学、拒学、辍学等行为，制约学生心理素质的发展。

学生严重学习适应不良,会出现但不限于以下表现:

1. 在校人际互动困难:学生在校内的人际互动经常受到学业成绩的影响,学习适应不良导致的学业成绩落后可能使学生自信心受挫,产生自卑情绪。

2. 在校精神状态不佳:学生因学习适应不良产生的长期情绪低落可能会造成学生整体精神状态不佳,如睡眠困难、饮食不规律等。

3. 学习倦怠:学习适应不良带给学生负向反馈以及不正确的学习观,导致学生学习兴趣下降,失去学习目标,长期消极对待学习。

4. 考前焦虑,逃避考试:学生在面对考试时压力过大,可能在考前产生应激性身体不适的情况或屡次放弃考试。

5. 厌学、拒学:学生感到学校环境压抑,不愿意接触跟学习有关的环境,甚至拒绝来学校。

学生学习适应不良的原因主要有学生个体学习方法固化、自我(家庭)期望过高,以及不正确的学习观等。学校应在新生入校后通过多种途径积极观察学生的适应情况,如班主任观察学生个体在班内的情绪状态,学生反馈学生之间的关系,任课教师在课堂中观察学生的精神状态,学生考试成绩的变化,以及家校沟通中学生对学习方面的态度等。

(二)严重学习适应不良问题的心理测评及结果显示

学生可在心理测评时自主选择学习适应性测验(简称 AAT 测验,包括小学版和初高中版)来评估自身学习适应情况。测验结果分为 5 个等级,"1"为差等,"2"为中下,"3"为中等,"4"为中上,"5"为优等。学校应对测评结果为"2"的学生进行密切关注,重视测评结果为"1"的学生并及时进行干预。另外,可参考心理健康诊断测验(MHT)测评中"学习焦虑"因子标准得分在 8 分以上的学生,及时关注。

二、严重学习适应不良问题的应对方案

（一）严重学习适应不良危机的预防策略

1. 个别辅导，评估程度：当教师发现学生有厌学、拒学的情况后，及时联系班主任或心理教师，主动约谈学生，评估厌学、拒学状态的持续时间和严重程度。

2. 家校沟通，协商对策：当评估发现学生存在严重厌学、拒学状态后，班主任需要组织家校谈话，邀请家长、相关任课教师、心理教师以及学校相关部门负责人一起参与，制定家校协同对策。

3. 医教结合，适时转介：家校沟通后，如果双方都认为有必要邀请心理医生介入诊断与治疗，可借助各地区医教结合绿色转介通道资源，及时预约心理门诊，积极沟通并遵医嘱。

4. 学生在校期间的应对方法：如果学生仍愿意留在学校参与部分学习，建议学生每周与班主任谈心一次，或与心理教师定期预约咨询，班主任与心理教师要关注学生的状态变化。同时各学科任课教师适当降低学业任务要求，更多关注学生的情绪与感受，构建友好的师生关系，以支持学生慢慢找回内在动力。

5. 学生在家期间的应对方法：如果学生已经无法参与学校的学习与集体生活，选择回家自学，家长需要调整对孩子学业的期望。允许孩子有阶段性的调整时间与空间，去寻求自我的整合，并尽力做到永远不丧失希望地默默陪伴和等待，而不是急着把孩子推向学校。

（二）严重学习适应不良学生的辅导策略

1. 提升学习能力

（1）通过习题练习，指导学生掌握新阶段所需的学习技巧。很多学习适应不

良的学生因为缺乏整理归纳以及发散思维的能力,无法掌握新的学习技巧,而过去的技巧又不能适用于新的学习内容,产生强大的挫败感和无力感。对于这部分学生,需要教师给予更多的技巧指导。

(2)班主任通过日常和课堂的班级管理,培养学生新阶段下的学习习惯,帮助学生在新阶段伊始便形成良好的学习氛围,养成良好的学习习惯。

(3)对学生的进步给予及时的鼓励。学校在平时可通过形式多样的活动激励学生提升自己的学习能力。

2. 调整学习观念

(1)引导学生客观看待学习成绩与人生之间的关系,思考读书和个人发展之间的关系,转变对于考试和成绩的错误认知。

(2)引导学生客观评估自身学习能力和学业水平,并根据实际情况制定学习目标,不过高期待,也不妄自菲薄。

(3)引导学生积极寻找学习动力以及在不同科目中的学习优势,激发学习兴趣。

3. 激发学习动力

(1)指导学生进行自我探索,挖掘优势潜能,悦纳自我。出现失误、遇到困难、面对失败的时候,不过多苛责自己;在达成分目标或阶段目标的时候,能及时给予自己奖励和肯定。

(2)帮助学生分辨不同的情绪状态,利用积极情绪带来的能量学习,觉察到自身情绪状态不佳时,能先给予自己关爱,调整状态后再学习。

(3)建议家长在平时不过度强调成绩和结果,更多地关注孩子整体的状态,注意措辞,给予孩子尊重和适当的自由,增进亲子沟通。

第六节 冲动性特质问题及其应对方案

一、冲动性特质问题的界定

(一)冲动性特质概念

冲动性特质是指个体面对内部或外部刺激时,做出快速、无计划的反应,且无力应对紧急、消极事件的倾向。它是目前被公认为用于预测自杀风险的"人格标识"。具有高冲动性特质的青少年在遇事时容易出现较大的情绪波动,认知变得狭窄、片面,无法认识到事件的全貌,同时较少计划或考虑行为的后果,常常不加思考、一时兴起就做出行动。因此,高冲动性特质的青少年在遇到挫折时,往往无法冷静分析和理智思考,容易被情绪控制,采用极端的方式处理问题。

青少年正处于人格发展成熟的重要时期。针对这类学生群体,教育者们要给予更多耐心与支持,爱护学生的自尊心和自信心,关注学生的面部表情、行为举止、精神状态等方面的变化,帮助学生提高自觉调节认知及情绪的技能,培养良好的情感品质。

(二)冲动性特质问题的心理测评及结果显示

关于冲动性特质的评估,首先可以参考冲动性特质量表。该量表由巴瑞特(Barratt,1959)编制,由周亮、肖水源、何晓燕、厉洁和刘慧铭(2006)修订成中文版,包含注意力冲动性、运动冲动性和无计划冲动性三个维度。得分越高,表明冲动性特质水平越高。其次,评估也可参考两个量表:中学生心理健康综合测量(MHT)中总分超过65分,其中"冲动倾向"因子分超过8分;90项症状清单

（SCL-90）总分超过160分，其中的"偏执""敌对"等两项因子分超过2分。

二、冲动性特质问题的应对方案

（一）冲动性特质问题的预防策略

1. 充分认识到冲动性特质与中小学生自杀行为的高相关度。在心理普测中，加强对此类学生的排查与访谈，将高危学生纳入学校心理危机预警库备案。

2. 加强对此类学生的关注和沟通，切实帮助学生稳定情绪、调整认知，建立完善的人际支持，养成良好的个性心理品质。

3. 家校合作，多方联动，学生高冲动性特质的形成与家庭环境通常有着密不可分的联系，要引导家长思考平时的教养方式，注重言传身教。

4. 把握如新学期开学前后、重大考试前后、重大生活事件发生后等重点时段，密切关注此类学生的心理状态变化，及时疏导。如遇高危事件，严格按照学校心理危机工作的操作流程进行干预，第一时间确保学生的生命安全。

5. 做好安全防护。人的冲动一般持续时间在12秒左右。校园内容易形成冲动性危机的场所要加装人性化的安全防护设施，如走廊、窗口等，目的是让人在冲动时无法引起危机事件或必须通过努力（超过12秒）才能导致危机。这样，人的冲动情绪过了，就很难导致危机了。

（二）冲动性特质问题的辅导策略

1. 稳定情绪：按下情绪"暂停键"。

（1）腹式呼吸法

带学生寻找一个安静的空间，找一张椅子坐下，背靠着椅背。指导他/她把手放在腹部，吸气时感到腹部慢慢胀起，呼气时腹部慢慢收缩。呼吸时默默数数,长短可以根据自己的情况调节,但要尽量缓慢,并保持呼气的时间比吸气的时间长。

如慢慢吸气,默念1、2、3、4;屏住呼吸,默念1、2、3、4;慢慢呼气,默念1、2、3、4、5、6。重复呼吸练习,直至心跳及呼吸减慢,并感到平静。

(2)数颜色法

这是美国心理学家费尔德提出的方法。当情绪激动时,尝试环顾四周的景物,然后在心中暗暗自言自语,如桌子是白色的,墙上的钟是蓝色的,钢笔是金色的……一直数到12样物品的颜色。

通过这样的方式,可以帮助学生活络大脑理智层面的思考,从而冷静下来,避免冲动行为的发生。

(3)感受言语化法

当学生逐渐冷静下来后,可以引导他/她把注意力放在自身身体和情绪的感受上,并把这些感受用语言描述出来,如"我现在心跳很快""我现在呼吸急促""我现在很愤怒""我现在特别想发泄"等,同时告诉他/她,"现在会有这样的感受是很正常的,冷静下来后,我们一定可以找到解决问题的方法"。

(4)安全宣泄法

引导学生思考自己过往有效处理冲动情绪的方式。适合自己的才是最好的。当然也可以鼓励学生多参加体育运动,让情绪随着汗水一起流淌掉,或采用情绪日记的形式,记录当下引起情绪波动的事件,并思考是什么原因导致情绪激动。书写过程可以帮助学生站在旁观者的角度发现更多视角。

2.调整认知:凡事都有三种以上的解决方法。

(1)使学生认识到高冲动性特质人群遇事后的表现。

(2)明确学生的非理性认知,培养他们寻找更多解决问题的可能性的思维方式。

（3）引导学生在情绪激动时，不断进行自我提醒与暗示：事情没我想象中那么糟糕，一定会有更好的解决方法。

（4）对学生的表现进行正性评估，给予鼓励。

中小学心理危机筛查与干预工作文件索引

浙江省教育厅办公室关于加强中小学生心理危机识别和干预工作的通知　/ 003

浙江省教育厅办公室关于全面建立中小学生心理危机识别与干预制度的通知　/ 010

关于进一步提高我省中小学心理危机识别精准度和干预有效性的通知　/ 013

浙江省教育厅办公室转发《浙江省中小学心理健康教育指导中心关于心理高危学生转介流程及办法》的通知　/ 017

浙江省教育厅办公室关于加强中小学心理健康教育管理工作的通知　/ 022

浙江省教育厅办公室关于印发 2020 年春季中小学生心理危机预警的通知　/ 027

浙江省教育厅办公室关于继续做好暑期中小学心理高危学生预警和干预工作的通知　/ 031

浙江省教育厅办公室关于 2021 年春季中小学生心理危机预警的通知　/ 035

浙江省教育厅办公室关于做好 2021 年秋季开学前后中小学生心理安全工作的通知　/ 040

浙江省教育厅办公室关于做好 2022 年春季开学前后中小学生心理健康工作的通知　/ 042

浙江省中小学心理健康教育指导中心办公室关于启动中小学心理危机医教结合研究项目的通知　/ 046

浙江省中小学心理健康教育指导中心办公室关于进一步明确中小学心理健康服务体系医教结合试点学校职责暨启动志愿者培训的通知　/ 051

中小学心理危机筛查与干预工作表格索引

学生心理档案　／069

心理普查结果反馈书　／070

学生心理危机预警登记表　／072

班级学生心理状态月报表　／077

心理高危学生汇总表　／083

心理高危学生名单　／083

心理高危学生干预方案　／084

PHQ-9 抑郁症筛查量表　／088

中小学生心理评估访谈提纲记录表　／089

中小学生心理评估综合反馈表　／092

青少年生活事件量表（ASLEC）　／094

心理高危学生多方会谈记录　／106

班主任关于学生心理状况家访提纲　／109

关于某某同学复学会谈评估内容的告知书　／112

学生心理健康状况告知书　／116

学生心理问题转介信　／122

不自我伤害契约书　／123

安全责任承诺书　／124

申请提前复学家校面谈纪要单　／127

提前复学期间安全责任承诺书　／128

图书在版编目（CIP）数据

中小学心理危机筛查与干预工作手册/浙江省中小学心理健康教育指导中心编．— 宁波：宁波出版社，2019.4
（2024.12 重印）

ISBN 978-7-5526-3510-2

Ⅰ.①中… Ⅱ.①浙… Ⅲ.①中小学生 — 心理健康 — 健康教育 — 手册 Ⅳ.① G444-62

中国版本图书馆 CIP 数据核字（2019）第 061061 号

中小学心理危机筛查与干预工作手册
浙江省中小学心理健康教育指导中心　编

责任编辑	陈　静　张利萍
责任校对	邵晶晶　李　强
内文排版	金字斋
出版发行	宁波出版社
地　址	宁波市甬江大道 1 号宁波书城 8 号楼 6 楼
邮　编	315040
印　刷	宁波白云印刷有限公司
开　本	787mm×1092mm　1/16
印　张	10.5
字　数	150 千
版次印次	2019 年 4 月第 1 版　2024 年 12 月第 25 次印刷
标准书号	ISBN 978-7-5526-3510-2
定　价	30.00 元

如发现缺页或倒装，影响阅读，请与承印厂联系调换　电话：0574-83875165